李威熊著

文史哲學集成

董仲舒與西漢學術

文史哲出版社印行

董仲舒與西漢學術 / 李威熊著. -- 初版. -- 臺北市：文史哲, 民 101
頁：　公分.（文史哲學集成；14）
ISBN 978-957-547-223-8 (平裝)

1. （漢）董仲舒 - 學術思想 - 哲學 2. 哲學 - 中國 - 漢（179-104 B.C.）
122.14

文史哲學集成 14

董仲舒與西漢學術

著　者：李　威　熊
出版者：文　史　哲　出　版　社
http://www.lapen.com.tw
登記證字號：行政院新聞局版臺業字五三三七號
發行人：彭　正　雄
發行所：文　史　哲　出　版　社
印刷者：文　史　哲　出　版　社
臺北市羅斯福路一段七十二巷四號
郵政劃撥帳號：一六一八〇一七五
電話886-2-23511028 · 傳真886-2-23965656

實價新臺幣三五〇元

中華民國六十七年（1978）六月初版
中華民國一〇一年（2012）十月初版二刷

ISBN 978-957-547-223-8　00014

序

兩漢在中國思想史上，是很重要且特殊的時代。它承先秦諸子及秦滅學之後，把中國文化帶入儒學之範疇，建立了以經學爲主的學術體系，而董仲舒便是此一時期的關鍵性人物。

近二、三年來，作者濫竽上庠，講授漢書課程，常苦時間不夠，因班書每篇卷帙特長，全書計八十餘萬言，每星期僅上課兩小時，而欲於一學年授畢，實非易事。雖重要篇章，皆盡量網羅，但仍不免有遺珠之憾。爲方便教學計，乃希望以董仲舒爲中心，來貫穿西漢之歷史與學術。於是在一年前便着手撰寫本文，由於全書所涉及之範圍甚廣，難以專精（即以董仲舒之學術思想體系一章而言，已足可演成長篇之書），且因限於學植，故僅能作鈎玄式之介紹。疏漏之處，在所難免，尚祈博雅，幸垂敎焉。

本文共分五章：首章述董氏之生平及其著作，作爲研究董氏思想之依據。第二章概述漢初學術之要略，旨在探討董氏思想之時代背景。第三章專論董氏之思想，乃就筆者發表於靜宜學報第一期之「董仲舒的學術思想體系」一文，稍加修改而成。第四章是董氏思想之批判，冀能對董氏思想有更深一層的認識。最後歸結董氏思想對西漢學術之影響。另附錄西漢學術思想發展一覽表，以便查考。

本文撰寫期間承蒙東海大學中文系主任陳問梅教授，及政大黃景進兄提供許多寶貴意見，特此誌謝。

中華民國六十七年六月

董仲舒與西漢學術 目錄

第一章 生平與著述

第二章　漢初之學術要略

第三章　董仲舒的學術思想體系

第五章　董仲舒對西漢學術之影響

附錄

董仲舒與西漢學術

中國學術文化，自從董仲舒倡言儒學運動以後，儒家學說便成爲中國學術思想的重心。易、書、詩、禮、春秋等儒家經典，也成了歷代學子的主要教科書，它不但是政治的典範，同時也是人民言行的準則。於是從西漢董仲舒，直到清季康有爲，將近二千年時間，有人稱作中國的經學時代。可知董仲舒在中國學術思想史上，佔有極重要的地位，尤其對於兩漢學術思想的發展，更具有深遠的影響。

第一章　生平與著述

壹、生卒年里

漢書卷五十六董仲舒傳，說他是廣川人（今河北棗强縣），詳細生卒年月不可考。蘇輿春秋繁露義證卷首附有董子年表，認爲董氏當生於漢文帝年間，卒於武帝太初以前（西元前一〇四年），年壽大概在六、七十左右。楊樹達漢書窺管卷六，則以爲仲舒之卒年，當在元狩五、六年及元鼎元年之間（西元前一一八——一一六），與蘇氏之說相去不遠。蘇、楊二氏雖然都屬推測之辭，但據董氏一生的經歷加以考查，大致可信。本傳說他在景帝時擔任博士，年紀必在二十以外，而景帝在位只有十六年，文帝在位二十三年，而匈奴傳贊說仲舒親見四世事，所以可以推斷仲舒大概生於高后朝。至於卒年，後漢書應劭傳說：「朝廷每有政議，數請廷尉張湯親至陋巷，問其得失。」而張湯任廷尉據通鑑武帝紀是在元朔三年（武帝即位起第三十一年）以後，又元狩五年（西元前一一八年）仲舒尚在議論塩鐵事。又漢書食貨志說：「仲舒死後，功費愈甚，天下虛耗，人復相食。」據武帝紀及五行志載，飢人相食是在元鼎三年（西元前一一四年），可見董仲舒是死在武帝中、晚期，即元狩五年與元鼎三年間。年紀約七十餘。因漢書敍傳說他：「身修國治，致仕縣車。」而應劭云：「古者七十縣車致仕。」七十算是高壽。所以本傳說他是以壽老終於家。

貳、為學與性格

董仲舒在年少時，好研治公羊春秋（見漢書本傳）。蘇輿董子年表，認為時間是在景帝前。又據春秋繁露一書所引，兼及詩、書、禮、易、孝經、論語，可見其亦並通群經，儒林傳云：「董仲舒通五經。」不過是以春秋為歸宿。漢書五行志云：「景、武之世，董仲舒治公羊春秋，始推陰陽，為儒者宗。」

漢初社會，盛行黃老術，竇太后又特別喜好老子書，在此風尚之下，仲舒於年輕時，可能也兼習道家書，如春秋繁露保位權、立元神諸篇，帶有道家思想；循天之道篇，更明引道家語，便是最好的證明。①

他讀書很專、很勤，本傳說他「下帷講誦，弟子傳以久次相授業，或莫見其面。蓋三年不窺園，其精如此。」

太平御覽八百四十卷引鄒子云：「董仲舒三年不窺園，嘗乘馬不覺牝牡，志在經傳也。」又桓譚新論云：「董仲舒專精於述古，年至六十餘，不窺園中菜。」論衡儒增篇也說：「儒書言董仲舒讀春秋專精一思，志不在他，三年不窺園菜，夫言不窺園菜實也，言三年增之也。」

平時不治家產業，以修學著書爲事，是位純粹的儒者。他進退容止，無不合乎禮法，並以弘揚周公孔子之道自任。所以當時一般學者都很尊敬他。董仲舒喜歡談春秋災異之變，雜有方士色彩，曾因此而丟了官，更差點被判成死罪。史記儒林傳說：

「爲江都相，以春秋災異之變，推陰陽所以錯行，故求雨，閉諸陽，縱諸陰。其止雨，反是。行之一國，未嘗不得所欲，中廢爲中大夫。居舍著災異之記，是時遼東高廟災，主父偃疾之。取其書奏之天子，天子召諸生示其書，有刺譏，董仲舒弟子呂步舒，不知其師書，以爲下愚，於是下董仲舒吏，當死。詔赦之。於是董仲舒竟不敢復言災異。」

仲舒爲人廉直，不避權貴，當時丞相公孫弘當權，仲舒斥其阿上諛媚。又曾事江都、膠西二王，都能正身以率下，直言進諫。漢書本傳說：

「仲舒爲人廉直。是時方外攘四夷，公孫弘治春秋不如仲舒，而弘希世用事，位至公卿。仲舒以弘爲從諛，弘嫉之。膠西王亦上兄也，尤縱恣，數害吏二千石。弘乃言於上曰：『獨董仲舒可使相膠西王。』……凡相兩國，輒事驕王，正身以率下，數上疏諫爭，教令國中，所居而治。」

縱觀董仲舒一生，知其是位行爲方正耿直，端莊嚴肅的人。又具有崇高偉大的人格，居官臨事，有爲有守，事奉江都、膠西兩驕王，都能以禮匡輔他們，所以二王劉非、劉端不但善待他，而且敬重他。②

仲舒也可稱得上是曠世的大儒，宋程子許其爲自漢以來，三位具有大儒氣象者之一。朱熹也說漢儒中，唯董仲舒學最純粹，最端正。清陸隴其稱董仲舒之言，穆然和平。若與賈誼相比，賈誼以才勝，董仲舒以學勝；就聖門言之，賈誼屬狂者，而仲舒則是屬於狷者之類。③

參、從政任官

景帝時，擔任公羊博士。（見本傳）

武帝即位，舉賢良文學之士，仲舒上天人三策，被舉爲江都易王的相國。司馬光資治通鑑說是在武帝建元元年。④後因言春秋災異之變，而被任爲中大夫。蘇氏董子年表，認爲時間是在武帝建元六年（西元前一三五年）。

元朔五年（西元前一二四年）到元狩元年（西元前一二二年）間，公孫弘任丞相，權傾一時，因妒嫉董仲舒公羊學優於己，便推荐他出任膠西王的相國。而膠西王驕横，董仲舒恐日久獲罪，乃稱疾辭官歸居，至死不再任官。但朝廷如有大議，則仍遣使者或廷尉張湯，就陋巷去請益得失。本傳云：

「仲舒在家，朝廷如有大議，使使者及廷尉張湯就其家而問之，其對皆有明法。」

董仲舒不但是位大思想家、大儒者，而且也是一位大政治家。在其天人三策中，對於爲政治國之道，有不少建設性的意見。劉向對其政治才能，有很高的評價。他說：「董仲舒有王佐之才，雖伊、呂亡以加，筦晏之屬，伯者之佐，殆不及也。」⑤

肆、重要著述

董仲舒重要著作，據漢書本傳說：「仲舒所著，皆明經術之意，及上疏條教，凡百二十三篇。而說春秋得失，聞舉、玉杯、蕃（繁）露、清明、竹林之屬，復數十篇，十餘萬言，皆傳於後世。」顯然可以看出，董仲舒的著作約可分爲二大部分：一爲明經及上疏陳述條教之類，共百二十三篇；二爲說春秋得失之類，共數十篇，計十餘萬言。後來漢書藝文志，後漢書應劭傳，隋書經籍志，新、舊唐書藝文志、經籍志，宋崇文總目等，又著錄有董氏其他著作，但所見名稱不一，因此有人懷疑，像春秋繁露等書，可能皆爲後人所僞。但吾人在未得確實證據前，絕不可妄下斷語，我們根據班固漢書本傳的話，可以推測董氏的著作，在其生前並未作系統之整理，也無固定之書名。前漢說經本重今文，但到西漢末年，劉歆不好今學，東漢時古學代興，而仲舒之書多爲今文公羊學說，在當時不重視今文學的情況下，其書散佚必多，那是可以想像得知，就有如三家詩之亡佚一般。因此，今天我們所看到的董氏許多著作，大多由後人整理出來。⑥現在根據目前所能查到的資料，將董仲舒的著作分爲五大部分，說明如下：

一、明經策對類

董仲舒策論文章甚多，班固謂其皆由經義而發，所以把明經、對策合爲一類。

⑴董仲舒百二十三篇　見漢書藝文志儒家類

此卽本傳所說：「仲舒所著，皆明經術之意，及上疏條教，凡百二十三篇。」此書隋志已不見。但有人懷疑它就是春秋繁露一書。

(2)賢良對策（又稱天人三策）　見漢書本傳

董仲舒何時上天人三策，漢書本傳並未明言，但因它是置於該傳之前端，所以時間當不致於太晚。司馬光資治通鑑，卽把它列於武帝建元元年，當時武帝剛卽帝位，詔擧賢良文學之士，武帝親自策問以古今治道，對者有百餘人。廣川董仲舒卽上此策，皇帝覽畢，大爲贊賞，卽以仲舒爲江都相。蘇輿春秋繁露義證、鄭振鐸中國文學年表都從通鑑之說。但漢書武帝紀卻說：「元光元年五月，詔擧賢良，董仲舒、公孫弘出焉。」因此王先謙漢書補注則認爲此策應該作於元光元年，而非在建元之初。但通鑑考異辨之云：「仲舒傳曰：『仲舒對策，推明孔氏，抑黜百家。立學校之官，州縣擧茂才、孝廉，皆自仲舒發之。』今擧孝廉在元光元年十一月（當時仍沿用秦曆以十月爲歲首）。若對策在下五月，則不得云自仲舒發之，蓋武帝紀誤也。」考異之辨甚是。在武帝元光以前，紀記有擧賢良方正者，只有建元元年一年，而武帝紀元光元年錄有武帝制策問之文，與仲舒天人三策之制文顯然不同，可見當是兩回事。因此，該策非上於元光元年甚明，或以建元元年爲是。而蘇輿春秋繁露義證引齊召南云：「策中有『今臨政而願治七十餘歲矣』之文，漢初至建元三年爲七十歲，若在建元元年，不得云七十餘歲，因定爲建元五年。」（見官本漢書考證）蘇氏認爲齊召南之說不可信，指出策文「今臨政而願治七十餘歲矣！」可能行文有誤，謂七十之數乃後人所加。⑦

董仲舒天人三策是以公羊春秋作爲其立論的根據，而針對武帝之册問，提出對於當時政治許多應革新的建議。第一策的要點：㈠上天以仁勉人君。㈡治亂興廢完全看君王是否能有所作爲，並非上天眞能降命使不得興盛。㈢在上位者若行爲淫佚，則衰微災異必隨之而生。㈣人民所以能行仁歸化，將有賴於上位者的培養。㈤上天以陽生萬物，君王必須要能效法天意，以施德政。㈥爲政重在貴本愼始，如先王皆先能正己，而後正諸四方。㈦仁君居上位，要以敎化百姓爲大務，以成美俗。㈧以亡秦爲戒，所以勸武帝當今爲政之要，必須改弦更張，勤修五常之道，便能得天之大祿。

第二策要點：㈠欲致平天下，須讓仁者在位。㈡朝廷各種政治措施須與上天相應，但不能流於奢侈。君子之人須先求博學，而後方能成德。㈢聖人之治天下，須崇尚仁義禮樂，而去刑罰。㈣勸武帝要廣采見聞，誠心爲善，則海內將無不思服。㈤治國之要在訪求天下賢才，而人才則有賴平時之培養，所以必須興太學，置明師，重敎化，以養天下賢士。㈥陳述擧賢才之另一方法，要諸侯、郡守、吏二千石，歲貢二人，並先由朝廷授以宿衞，再由其表現，以定取捨，並順便考查推荐人之學品。

第三策要點：㈠天人相應，古今之道，驗證極多，如春生、夏長、秋殺，君子應效之以愛、以養、以罰；又孔子作春秋，卽考之於古今之事，作爲君臣之借鑑。㈡天地之間以人爲最貴，所以人人應崇仁義，重禮節，安處善，樂順理，然後方可謂之君子。㈢說明堯舜時國勢日漸昌明，桀紂時卻日趨微滅的道理；國君應引以爲鑑。㈣天不變，地不變，繼治世其道同，繼亂世則其道變。㈤指出古治而今非的原因，乃由於違天又不能稽古的緣故。㈥上天不能十全十美，人事亦然。又官吏食朝廷之俸祿，不應與民爭利。㈦欲國之大治，必須杜絕諸家之說，一切歸於六經之科，孔子之敎。

以上三策，指出人君要治好國政，須以天道爲準則，法古更化，廣施仁政，禁止與民爭業，並讓賢才在位，而所謂賢才，必須學品兼備，因此有待平時的栽培訓練，那麼詩、書六藝便是最好的教材，最後歸結於孔子之敎，從此以後中國學術界，便走上了重視經學的道路。⑧

⑶郊事對　見古文苑

本對亦見於春秋繁露，嚴可均校輯全漢文也錄有本對。首云：「廷尉臣湯昧死言，臣湯承制，以郊事問故膠西相仲舒，臣仲舒對曰……。」今查張湯任廷尉是在武帝元朔三年，到元狩三年湯卽遷爲御史大夫，⑨所以本對上疏的時間大概在元朔三年至元狩初的五、六年內，那時董仲舒已除去膠西相的職務。

郊事對主要在陳述郊祭天地與宗廟祭祀之禮制，是爲古今大禮，因此所用犧牲、顏色等，必須與自己的身分相稱，因爲禮所重視的就是名位。全文採用張湯提問，董仲舒回答的方式陳奏，體裁十分特殊。

(4)說武帝使關中民種麥　見漢書食貨志

寫作時間已不可考。但武帝卽位之初，喜歡田獵，常破壞百姓農作物，一般農民又不喜耕種，多轉而從事工商活動，仲舒認爲長此以往，將動搖國本，影響民生，所以本文寫作的時間可能在武帝初年。主要在陳述古代聖人對於五穀最重視麥與禾，而關中民俗不喜種麥，故上書武帝，早日詔大司農令關中居民多種宿麥。此乃出自賈誼、鼂錯等的重農思想。

(5)說武帝言限民名田　見漢書食貨志

本疏上奏的時間大概與前疏相同。所謂限民名田，就是要限制百姓土地使用的面積，以防止兼併，避免造成貧富不均的現象。並且主張：「塩鐵皆歸於民，去奴婢，除專殺之威，薄賦斂，省繇役，以寬民力。」

(6)廟殿火災對　見漢書五行志

據漢書五行志上說：「武帝建元六年二月，遼東高廟災。四月，高園便殿火。」仲舒此策，當針對此事而言，所以時間當不會距此太遠才對。

漢書本傳說：「先是遼東高廟、長陵高園殿災。仲舒居家推說其意，草稿未上，主父偃候仲舒，私見，嫉之，竊其書而奏焉。上召視諸儒，仲舒弟子呂步舒不知其師書，以為大愚，於是下仲舒吏，當死，詔赦之。仲舒遂不敢復言災異。」仲舒由本對而惹禍，而該對的主要內容，是以春秋所記魯國之災異為例，說明高帝廟不當居遼東，高園殿也不應該處皇陵旁，而且準之於古禮也不當立。因而才觸怒上天，降下災異，事與春秋魯國災變相同。並且也陳述了武帝許多政治措施的闕失。以致武帝不悅，仲舒也由此而罹罪。

(7)雨雹對　見古文苑

西京雜記卷五、嚴氏校輯全漢文，均收有本對。首云：「元光元年七月，京師雨雹。鮑敞問董仲舒曰……。」但在武帝紀元光元年七月只說「日有蝕」，並未言京師有雨雹事。像日蝕、雨雹都屬災異現象，乃國之大事，而史記、漢書却未著錄，頗令人懷疑。

本對主要意旨，在說明陰陽二氣的消長，不但與時相諧，而且也和人事相應，若天下盛平，聖人在上，則「陰陽和，風雨時。」若政多紕繆，小人得勢，則「陰陽不調，風發屋，雨溢河，雪至牛目，雹殺驢馬，此皆陰陽相蕩而爲祲沴之妖也。」仲舒則以此「天人相應」的災異思想，來警勉國君，當行仁政。

(8)粵有三仁對　見漢書本傳

春秋繁露卷九亦錄有本對。漢書本傳：「王（江都易王）問仲舒曰：『粵王句踐，與大夫泄庸、種、蠡謀伐吳，遂滅之。孔子稱殷有三仁，寡人亦以爲粵有三仁。桓公決疑於管仲，寡人決疑於君。』仲舒對曰……。」可知本對董仲舒是寫於江都相任內。本對文詞很短，仲舒指出越王句踐、大夫泄庸、文種、范蠡三人，都不能算是仁者，因爲他們都各具私心。而眞正仁者，必須「正其誼不謀其利，明其道不計其功。」

(9)奏江都王求雨　見續漢書禮儀志注引

由標題看，它是寫於江都相任內。

此奏疏不見於史、漢本傳。其內容主要是以損陽益陰的道理，來說明求天降雨之方，語多怪異。

二、言春秋得失類

(1)春秋繁露　見隋書經籍志

漢書藝文志無著錄本書，在本傳中只言仲舒著有蕃露，但看其行文語氣，好像只是篇名，而非成書。到了隋書經籍志，才著錄有董仲舒的春秋繁露十七卷。又何休作公羊解詁，却不及繁露語，⑩因而才啓後人疑竇。到北宋崇文總目，已云該書有八十二篇，與今本同。因爲漢志儒家類著錄有董仲舒百二十三篇一條，所以歐陽修、王應麟等認爲此書卽隋志所云春秋繁露之舊，並指出今本文句亡佚、錯亂之處甚多。宋程大昌在其春秋繁露書後，指出該書辭意淺薄，也不應以繁露爲書名，玉杯爲篇名。又太平寰宇記、通典、太平御覽三書，所引春秋繁露語，今本皆無，而證明此書爲僞出。徐復觀先生曾就此三點一一加以反駁。⑪又戴君仁先生在其「董仲舒不說五行考」一文中，以董仲舒在賢良三策裡，僅言陰陽而未提及五行，但在春秋繁露中却大言其五行，作爲證明春秋繁露不是董氏作品的主要論據之一。徐復觀先生辨之云：「賢良三策，主要言任德而不任刑；春秋繁露中，凡以德與刑對舉的，皆只言陰陽而不言五行。言陰陽而不言五行之篇數，絕對多於言五行之篇數。」因此，徐氏認爲在沒有得到更確實證據以前，不能輕易指說該書爲僞作。春秋繁露到底是眞是僞，是否卽漢志儒家類所著錄百二十三篇之舊，由於文獻不足，實在難下定語，但據本傳：「仲舒所著，皆明經術之意，及上疏條教，凡百二十三篇。」當是指其論奏一類文章，而不應與春秋繁露相混。傳又云：「而說春秋事得失，聞舉、玉杯、蕃露、清明、竹林之屬，復數十篇，十餘萬言。」又是另一部分，這些論述春秋得失事的文章共有數十篇，在當時既然未合為一書，當然更談不上什麼書名，可能到了東漢以後的學者，才蒐集董氏這類的舊作，編纂成書，而以繁露篇作為書名，今本八十二篇，亦十餘萬言，與本傳所言的篇數、字數大概相合。又古文苑等所存郊事對、山川頌諸篇，均見於春秋繁露中，後人編集之迹，顯然可見。

繁露一辭，其意義為何？歷來有諸多說法，周禮大司樂賈疏云：「前漢董仲舒作春秋繁露，繁多露潤，為春秋作義，潤益處多。」賈公彥卽作「繁多露潤」解。又可作「冕旒」名，周書王會解：「天子南面立，絻無繁露。注云：冕所以垂也。」梁元帝賦：「冕無繁露之旒。」博物志云：「綴玉而下垂如繁露也。」綜合各家解說，它與帝王有關，又具有聯貫之象，可與春秋屬辭比事相應，所以董仲舒特別本之孔子春秋經，而加潤益之，以作為帝王治國理民之要術，因此名之曰春秋繁露。

今春秋繁露一書，主要在發揮春秋公羊傳的意旨，又以天道的陰陽四時五行，作為解釋及判斷一切問題的依歸。所以春秋繁露是研究董仲舒的春秋學，和他所建立的「天」的哲學的重要依據。

(2)公羊董仲舒治獄十六篇　見漢書藝文志

公羊治獄一書，並未見於本傳。後漢書應劭傳說：「董仲舒作春秋決獄二百三十二事。

」梁阮孝緒七錄有春秋斷獄五卷，隋志有春秋決事十卷，新、舊唐志法家有春秋決獄十卷，宋崇文總目有春秋決事比十卷，都稱董仲舒撰。各家著錄名稱雖然不一致，但可能是同屬一書。陳振孫直齋書錄解題已不見該書，宋王應麟漢書藝文志考證說：「仲舒春秋決獄，今不可見。」因此，該書大概亡佚於南宋。可是在宋史藝文志及明焦竑國史經籍志皆著錄有董仲舒撰之春秋決事十卷。徐復觀先生認爲它是沿襲舊書名，未見本書。⑫今馬國翰玉函山房輯佚書輯存七條，王謨漢魏遺書鈔輯存六條。

董氏公羊治獄一書，卽漢代通經致用思想的一大表現，此書卽用春秋古義來作爲決大獄的依據，這也是漢人研經的主要目的。後漢書應劭傳說：「故膠西相董仲舒老疾致仕，朝廷每有政議，數遣廷尉張湯親至陋巷，問其得失。於是作春秋決獄二百三十二事，動以經對，言之詳矣。」如武帝元狩元年，淮南王劉安謀反，武帝派董仲舒的弟子呂步舒去查辦，他不等奏書批准，就用春秋之義一一判定罪名。⑬這便是董仲舒本書精神的具體實現。晉書載「東晉咸和間，賀喬妻于氏上表，引仲舒所斷疑獄二事。」所引當是公羊治獄之事。

三、書論類

(1)詣丞相公孫弘記室書　見古文苑

公孫弘任丞相是在武帝元朔五年，那時董仲舒不任江都相已久。而本書首云：「江都相董仲舒叩頭死罪。」所以懷疑此書乃後人所僞託。其意旨主要在陳述丞相職責在於總緝百僚，輔導國君以治天下，所以一切措施須以仁義爲本，並要禮賢下士，廣開選擧之路，以納人才。

(2)論禦匈奴　見匈奴傳贊

匈奴是古時候主要邊患，當時對付匈奴的主張，大概可分爲二派：一爲「縉紳之儒」主張和親，二爲「介冑之士」主張征伐。⑭而董仲舒論禦匈奴，其要在於「與之厚利以沒其意，與盟於天以堅其約，質其愛子以累其心。」是一種溫和的懷柔政策，他不贊成用征伐的手段。或者我們可以推測本論大概作於元光年間，正在武帝準備伐匈奴之時。因爲當時匈奴極爲囂張，懷柔政策已難收實效，所以班固在匈奴傳贊中，批評董氏的匈奴政策，不切合於當時環境之需要。

四、賦頌文學類

(1)士不遇賦　見藝文類聚卷三十　古文苑

士不遇賦云：「正身侍時，將就木矣！」充分表現出他那種懷才不遇的心境，所以本賦或者作於罷膠西相以後。他對於當時一些縱橫之士，指白爲黑，顚倒是非，感到深惡痛絕。但他又不甘願退而當一位隱士，像伍員、屈原一樣的一去不返。徐復觀先生認爲這是一種儒家對世運的擔當精神，然而他對世間的一切問題，有些又覺得無可奈何，只好把它歸之於天，而醞釀成他的「天人哲學」。⑮

(2)山川頌　見古文苑

本頌亦見於春秋繁露第七十三篇，作成時間已不可考。它要人從山川所蘊育的自然道理中，去體會待人處世的一些原則。

(3)救日食祝　見周禮宗伯太祝注

周禮宗伯太祝所引全文如下：「炤炤大明，懺滅無光。奈何以陰侵陽，以卑侵尊。」雖僅此短短四句，但可以看出它是日蝕以後禱祝上天之文。景帝到武帝中葉以前，據通鑑所載，日蝕次數甚多，而此救日食祝，到底作於何時？已無從考證。

(4)請雨祝　見續漢書禮儀志注補

亦見春秋繁露第七十四篇。大概是在大旱以後，仲舒禱祝上蒼早降甘霖，以生百穀。但其寫作時間也不可考。

(5)止雨祝　見春秋繁露第七十五篇止雨

上篇是久旱以後的求雨祝，而本篇立意正與上篇相反，乃因淫雨日久，雨量太多，五穀不和，所以不得不禱祝上天，卽時止雨，以除民苦。

(6) 七言琴歌二首　見文選孔德璋北山移文引

昭明文選北山移文云：「琴歌既斷，酒賦無續。」注云：「董仲舒集七言琴歌二首。」並未引琴歌原文，今全詩已亡佚。

(7) 董子文集　見隋書經籍志

隋書經籍志載有仲舒集一卷，又註曰：「梁二卷，亡。」可見此書亡佚甚早。但到新、舊唐志仍載有此集二卷，宋史藝文志又作一卷，可能都是鈔襲前志舊書名而已，而並非有眞書。四庫全書總目提要云：「明正德己亥巡按史盧雍行部至景州，爲仲舒故里，因修廣川書院，祀仲舒，並裒其逸文，以成是集。然自採錄本傳外，僅益以西京雜記、古文苑所載諸篇，不及張溥百三家集完備。」

五、其他

(1) 李少君家錄　見抱朴子內篇引

抱朴子內篇李少君家錄說：「少君有不死之方，而家貧，無以市其藥物，故出于於漢，以假途以求其財，道成而去。」此似神仙家言，而董仲舒是位儒家學者，因此懷疑本書或爲後人所僞託。王應麟困學紀聞十疑謂：「仲舒儒者，不肯爲方士家錄，斷爲依託。」

」蘇輿認爲它是董仲君之譌，因董仲君爲方士，見於廣明集。李少君家錄，卽出自其手。後人不察，而把董仲君誤爲董仲舒。⑯

附注

①蘇輿董子年表云：漢初儒者，皆習道家，如賈誼、司馬談父子皆然，以竇太后好尙，爲臣子者固當講求，董子請統一儒術，而其初固亦兼習道家書，中保位權、立元神諸篇，有道家學，循天之道篇，明引道家語，是其證矣。

②漢書董仲舒傳云：「天子以仲舒爲江都相，事易王。易王帝兄，素驕，好勇。仲舒以禮誼匡王，王敬重焉。」

又云：「膠西王聞仲舒大儒，善待之。」

③蘇輿董子年表云：「案：程子許自漢以來，有儒者氣象者三人，大毛公、董仲舒、揚雄，然於雄頗議其行，已無間然者，獨毛董耳。又云：毛萇、董仲舒，最得聖賢之意。朱子則云：『漢儒惟董仲舒純粹，其學甚正。』」

又曰：「陸隴其論賈董優劣云：……賈之言多至於激烈，而董則穆然和平也。……賈以才勝，董以學勝。以聖門言之，董生狷者也，賈生狂者也。」

④漢書說在武帝元光元年（武帝紀），齊召南說在建元五年（官本漢書考證），戴君仁先生說在元光二年至四年間（孔孟學報十六期，漢武帝罷黜百家非發自董仲舒考）

⑤見漢書本傳贊。

⑥參見徐復觀兩漢思想史三〇六頁董仲舒的著作及春秋繁露成立的情形。

⑦蘇輿春秋繁露義證云：「疑冊中語有衍字，其文當云：『古人有言，臨淵羨魚，不如退而結網；臨政願治，不如退而更化。』皆古語也。淺人妄如數字，則不成文理。」

⑧詳見本書第三章董仲舒的學術思想體系。

⑨見通鑑武帝紀。

⑩有人以何休公羊解詁不明引春秋繁露之語，而懷疑繁露之眞僞。其實解詁已有承繁露之說者，如：繁露二端篇云：「是故春秋之道，以元之深，正天之端；以天之端，正王之政；以王之政，正諸侯之卽位；以諸侯之卽位，正竟內之治。五者俱正，而化大行。」而解詁釋「元春王正月」云：「一國之始政，莫大於正始。故春秋以元之氣，正天之端；以天之端，正王之政；以王之政，正諸侯之卽位；以諸侯之卽位，正竟內之治。……」卽用春秋繁露二端篇之意。

⑪見僞書通考，及徐復觀兩漢思想史春秋繁露眞僞問題。

⑫同前書。

⑬漢書儒林傳王先謙補注云：「周壽昌曰：步舒以長史持節，使決淮南獄於諸侯，擅專斷不報，以春秋之義正之，天子皆以爲是。」

⑭見漢書匈奴傳贊。

⑮見徐復觀兩漢思想史，二九八頁，董仲舒的生平、人格及社會性。

⑯見春秋繁露義證董子年表。

第二章　漢初之學術要略

任何時代思想的產生，都有它社會生活的背景。因爲思想是在反映生活，所以我們要研究董仲舒的學術思想，必先要了解他所處漢初社會的學術面貌。

壹、訪求天下遺書

秦始皇統一天下以後，欲愚民以圖久治，便採用李斯的奏議，三十四年（西元前二一三年）下令焚詩書，三十五年又令坑儒士。不許百姓私藏典籍，秦律云：「挾書者族。」這是中國學術史上的一大刧難。三十七年（西元前二一〇年），始皇東巡，死於沙邱。頓時天下失去重心，陳勝、吳廣乘機起兵，項粱、劉邦隨之響應，接著楚漢相爭，又是一場混戰的局面，兵連禍接，不但舊制度徹底被破壞，且書籍大量耗損，那也是無可避免的事。劉邦統一天下，政治漸上軌道，民生也日趨安定，於是人民才有餘力去追求較高度的精神生活，而從事一些文化性的建設工作。漢惠帝四年（西元前一九一年），即除去民間挾書的禁律，一些諸侯王也盡量鼓勵民衆獻書，漢書景十三王傳云：

「河間獻王德，修學好古，實事求是。從民得善書，必爲好寫與之，留其眞，加金帛賜以招之。由是四方道術之人，不遠千里，或有先祖舊書，多奉以奏獻王，故得書多，與漢朝等。」

於是天下舊書，又日益復出。有了書，當然便於知識的傳播，也易帶動學術研究的風氣。文帝、景帝更先後注意到訪求亡失的典籍，如此，由於朝野上下普遍重視圖書的蒐集，所以漢代的學術界，才又呈現出一片蓬勃的新氣象。

貳、叔孫通之定朝儀

叔孫通，薛地人。秦時爲待詔博士，降漢以後，漢王劉邦亦拜爲博士。漢五年（西元前二〇二年），項羽敗死烏江，劉邦卽皇帝位，欲悉去秦舊有儀法。當時叔孫通建議說：「禮者，因時世人情爲節文。臣願頗采古禮與秦儀雜就之。」漢高祖卽同意他可以試著去辦。叔孫通便召集了宮廷侍者及弟子百餘人，經過一個多月的排演練習後，便邀請劉邦觀賞。到漢七年（西元前二〇〇年），長樂宮落成，諸侯群臣朝見天子，便依叔孫通所訂的儀法，氣氛莊嚴肅穆，於是漢王很高興的說：「吾乃今日知爲皇帝之貴也。」由此，我們可以看出漢初社會君臣純樸天眞的一面。

孝惠帝時，爲建立高祖園陵寢廟，群臣又不知其禮儀，於是又命令叔孫通定宗廟儀法，乃至於以後的各種儀則，也都是出於叔孫通之手。但叔孫通所訂的許多儀法，大多延續六國及秦廷舊制，或參考一些經典資料，並無特殊創見。所以司馬遷在史記樂書批評他說：「秦有天下，悉內六國禮儀，采擇其善，雖不合聖制，其尊君抑臣，朝廷濟濟，依古以來，叔孫通頗有增益減損，大抵皆襲秦故。自天子稱號，下至佐僚，及宮室官名，少有變改。」這套朝儀主要在維持君臣上下的秩序，及天子之尊嚴，雖然有助於亂世以後社會的安定，但卻不夠積極，對於政治的影響也不大。所以稍後的賈誼、董仲舒、王吉、劉向等人，都不滿意叔孫通所訂的保守制度，主張新時代、新政府，應有新的作風。因此必須改頭換面，徹底革新，才能給百姓耳目一新的感覺，以便於新教化的推展。

參、陸賈首開學術風氣

陸賈可以說是漢初文化園地的播種者，但其生平事迹，在司馬遷的史記已經語焉不詳，只知道他曾「以客從高祖定天下，居左右，常使諸侯。」又曾替丞相陳平策劃，計殺諸呂，迎立文帝。在高帝十一年（西元前一九六年），奉派出使南越，賜趙佗「南越王」印。佗遂稱臣納貢。日後又叛，文帝元年（西元前一七九年）再命陸賈出使南越，靠其機智與口辯，使趙佗再度答應「願奉明詔，永爲藩臣。」順利完成第二次出使的使命，他雖然在當時的政壇上，立了不少的豐功偉業，但他的官位最高卻只不過是個中大夫，這種功成不居的風範，多少和他的道家思想有關。司馬遷作陸賈傳，雖然把他看成有如蘇秦、張儀等策士一類的人物，但他卻是西漢學術界啓蒙的思想家。①

陸賈著作，主要有新語一書。漢書陸賈傳云：

「賈凡著十二篇，每奏一篇，高帝未嘗不稱善，左右呼萬歲，稱其書曰新語。」

今考漢書藝文志已不著此書，惟在諸子略儒家，錄有陸賈二十三篇，此二十三篇是否已包括新語的十二篇，乃不得而知。宋朝王應麟漢志考證，說新語僅存七篇，而年長於王氏十歲的黃東發，在他的黃氏日抄中所看到的新語卻是十二篇，和現行的本子相同。因而四庫全書總目提要，懷疑今本十二篇爲僞。今據王更生先生的考證，認爲今本新語確實是西漢初年的舊物，爲劉向校定的原本。②所以本書是我們研究陸賈思想的主要依據。除新語外，陸賈的賦也很著名，是開漢賦風氣之先，漢志著錄有他的賦三篇，惜今皆亡佚。漢志又錄有陸賈所作楚漢春秋九卷，主要在記述楚漢興亡事迹，司馬遷作史記，曾引用該書不少資料，但原書今亦不見。

陸賈思想對漢代學術影響較太的，有下列二項：

一、以詩書六經作治國之本

漢初君臣大多來自草野，除張良、韓信、陳平稍具知識外，其他像蕭何、曹參、周勃、樊噲、灌嬰、夏侯嬰、任敖等，不是出身縣府小吏、武夫，就是屠狗販繪之輩，根本談不上什麼學術修養，唯有陸賈跟他們不一樣。史記酈生陸賈列傳說：

「陸生時時前說稱詩書。高帝罵之曰：『迺公居馬上而得之，安事詩書。』陸生曰：『居馬上得之，寧可以馬上治之乎。且湯、武逆取而以順守之，文武並用，長久之術也。昔者吳王夫差、智伯，極武而亡，秦任刑罰不變，卒滅趙氏。鄉使秦已幷天下，行仁義，法先聖，陛下安得而有之。』高帝不懌，而有慚色。迺謂陸生曰：『試爲我著秦所以失天下，吾所以得之者何？及古成敗之國。』陸生迺粗述存亡之徵，凡著十二篇。每奏一篇，高帝未嘗不稱善。」

高祖可以說是一位毫無文化素養的皇帝，陸賈要他「行仁義，法先聖」，這是從詩書所蘊育出的政台主張。新語道基篇說：「故聖人防亂以經藝。」又云：「鹿鳴以仁求其群，關雖以義鳴其雄，春秋以仁義貶絕，詩以仁義存亡。乾、坤以仁和合，……書以仁敍九族。」這和比他稍後的賈誼以詩、書、易、春秋、禮、樂六經爲六術（新書），有同樣的看法。賈生所謂六術卽指六種治國要術。所以陸賈不但是高帝文化意識的啓發者，而且也是漢代經世致用之儒家理想治道的開導者，他在輔政篇說：

「夫居高者，自處不可以不安；履危者，任杖不可以不固。自處不安則墜，任杖不固則仆。是以聖人居高處上，則以仁義爲巢；乘危履傾，則以聖賢爲杖。故高而不墜，危而不仆者，堯以仁義爲巢，舜以益稷爲杖，故高而益安，動而益固。」

意思是說：身居高位的，自處不可以不安全；面臨懸崖的危險，不能沒有可靠的依杖；而行仁義，使賢者在位，能者在職，便是國家最好的屏障。愼微篇又說：

「不貪於財，不苟於利，分財取寬，服事取勞，此天下易知之道，易行之事，豈有難哉！」

這是不與民爭利的仁心仁政。陸賈又以陰陽配仁義，他在道基篇說：

「陽氣以仁生，陰節以義降。」

這些主張對日後董仲舒立說，有了極大的影響。

陸賈因爲倡導仁義，當然反對申、韓法術，他認爲秦之亡，乃亡於嚴刑峻法。道基篇說：

「秦二世尙刑而亡。」

輔政篇說：

「秦以刑罰爲巢，故有覆巢破卵之患。」

秦鑑不遠，欲修己榮身，治國安民，唯有仁義一途。他在道基篇說：

「骨肉以仁親，夫婦以義和，朋友以義信，君臣以義序，百官以義承，曾、閔以仁成大孝，伯姬以義建至貞。」又：「守國者以仁堅固，佐君者以義不傾。君以仁治，臣以義平。鄉黨以仁恂恂，朝廷以義便便。」

這些主張都充分表現出儒家那種以仁義爲本的德化政治。

二、建立儒、道並行互用的學風

儒、道並行爲用的人生觀，中國人早已有之，只不過陸賈表現得較爲具體而已。徐復觀先生說：「陸賈所把握的是活的五經六藝，而其目的是在解決現實上的問題，所以把儒家的仁義與道家無爲之教，結合在一起，開兩漢儒道並行互用的學風。」③漢初，在久經戰亂之後，民心思靜，主張無爲的道家學說，當然會受到極大的歡迎。新語無爲篇說：

「夫道莫大於無爲。」又云：「行莫大於謹敬，何以言之，昔虞舜治天下，彈五絃之琴，歌南風之詩，寂若無治國之意，漠若無憂民之心，然天下治；周公制禮作樂，郊天地，治山川，師旅不設，刑格法懸，而四海之內，奉供來臻。越掌之君，重譯來朝，故無爲也。」

據此，知陸賈之無爲，是一種聖化流布，百姓自然心悅誠服之無爲。換句話說，陸生的無爲並非消極的無所爲，他說：「無爲者，乃有爲也。」（無爲篇）此與論語：「居敬行簡」具有同樣的意義，他只不過借著當時時代所趨尙的道家思想的「無爲」爲外衣，來闡揚儒家的理想。可以說與文帝、賈誼等具有同樣的思想類型。徐氏又說：「西漢政治思想的大勢，由陸賈、賈誼、淮南子中的劉安及其賓客，董仲舒的春秋繁露，塩鐵論中的賢良文學，以及揚雄，都是儒、道兩家思想的結合，當然其中有分量輕重的不同，尤其是以道家的態度立身處世，以儒家的用心言政治言社會，更是由陸賈開其端的兩漢知識分子的特色。」這種以道家思想來安定社會，修養身心；而以儒家積極用世，來服務國家、造福人羣的思想型態，幾千年來一直支配著中國讀書人的觀念。即一般人所說的「得志則偏於儒，不得志則偏於道」者是也。人的一生，變化莫測，富貴貧賤，吉凶禍福，絢爛平淡，際遇各有不同，但只要把握儒道的精神，相互爲用，不管順境逆境，皆可泰然處之，思想、靈魂也得以安頓，人生自然美滿幸福。

肆、文景的黃老治術

黃老學說的盛行，應該是戰國末年的事，因爲他們主張清靜無爲，淡薄寡欲，在變亂以後的社會，大家極欲休養生息。又漢初的君臣都崛起於草野，敦樸謹厚之風尚在，所以黃老學說才大爲風行。漢書呂后紀贊云：

「孝惠、呂后之時，海內得離戰國之苦，君臣俱欲無爲，故惠帝拱己，高后女主制政，不出房闥，天下晏然，刑罰罕用，民務稼穡，衣食滋殖。」

可見早於文帝時，社會上已有很濃厚的黃老傾向。又如曹參初爲齊王相國的時候，召集長老諸生商討如何安集百姓，打算一切照齊原有的風俗。聞說膠西有蓋公，善治黃老術，便派人用厚幣去請他，見了蓋公，他說：「治道貴清靜，而民自定。」曹參便用其意來治理齊國，共相齊九年，擧國安集，大家都稱他爲賢相。後來蕭何死了，惠帝便請他代蕭何爲相國，他仍然本著清靜無爲的政風，免去一些好事的官吏，擧事無所變更，一切遵循蕭何的約束。當時惠帝還有些誤會，曹參免冠謝罪說：「陛下自察聖武孰與高帝？」惠帝說：「朕乃安敢望先帝乎？」曹參又問說：「陛下觀臣能孰與蕭何賢？」惠帝說：「君似不及也。」曹參又說：「陛下言之是也，且高帝與蕭何定天下，法令既明。今陛下垂拱，參等守職，遵而無失，不亦可乎？」惠帝曰：「善，吾休矣！」當時百姓，無不歌頌他。④史記太史公說：「參爲漢相國，清靜，極言合道。然百姓離秦之酷後，參與休息無爲，故天下俱稱其美矣！」這種寬簡的政治作風，百姓得以休養滋息，不但穩定了西漢一代的大局面，亦下開了文景之治的先聲。

文帝卽位，不喜多事。如李廣才高善射，文帝歎曰：「惜廣不逢時，令當高祖世，萬戶侯豈足道哉！」⑤充分表現出當時社會的安定，及文帝無爲的心境。漢書刑法志說：「及文帝卽位，躬修玄默，勸趨農桑，減損租賦。而將相皆舊功臣，少文多質，懲惡亡秦之政，論議務在寬厚，耻言人之過失。化行天下，告訐之俗易。吏安其官，民樂其業，蓄積歲增，戶口寖息。風流篤厚，禁網疏濶。」躬修玄默，政尚寬和，正是文帝的寫照，他的皇后竇氏也極好黃老之言。文帝死後，竇太后叫他的兒子景帝和她自己娘家的人都須讀老子書。史記外戚世家也說：「竇太后好黃帝老子之言，帝及太子諸竇不得不讀黃帝老子，尊其術。」這個時期，也就是自春秋以來社會最安定的時刻。漢書景帝紀贊云：

「漢興，掃除煩苛，與民休息。至於孝文，加之以恭儉，孝景遵業，五、六十載間，至於移風易俗，黎民醇厚，周云成康，漢言文景，美矣！」

在此安寧的環境裡，當然有利於學術的研究與發揚。

漢初的黃老之學，實已包括了「刑名」，史記把老莊申韓合爲一傳，證明道與法有不可分的關係。申不害傳說：「申子之學本於黃老，而主刑名。」又韓非傳也說：「喜刑名法術之學，而其歸本於黃老。」從外表上看，法家注重嚴刑峻法，與道家的消極無爲極不相類，但言法者，可能爲了與儒家相競爭，欲利用一般百姓好古的心理，只好借重道家，而託之於黃帝，但就本質而言，法、道二家也是有它相通的地方。道家的重要本旨在一忍字，要人忍其慾，忍其心，忍其行，由「無爲」而達到「無不爲」的境界，而「忍」也是法家的主要精神。林尹先生說：「忍之流別不同，於是得其忍耐之徒者，遂成爲老莊之學；得其隱忍之方者，乃流爲黃老一派；得其殘忍之變者，遂有韓非之法術。」⑥所以文帝雖崇尙黃老，但也喜「刑名之言」，並非相互矛盾。⑦到了武帝時代，雖然表彰儒術，但在實際政治上仍然離不開了法。因此日後才慢慢演變成陽儒陰法的政治哲學，在其思想發展的過程上是一貫的。

這裡有一點必須特別申明，一般人以爲文帝好黃老之言，而不喜儒術；其治貴清靜無爲，而不能修禮庠序。其實是錯誤的，文帝所謂好黃老，只是師黃老清靜無爲之意，而在實際政治上不可能無為，又當時賈誼等思想家所謂儒術，是偏重於一些興禮樂，設庠序，易服色，改正朔，郊祀等一些表面的設施而已。文帝不好儒術，即不好此也。賈誼是位儒家學者，由文帝對他的器重，可知文帝並非眞不好儒學。所以賈誼所嚮往的儒家精神，後來董仲舒都一一加以發揚光大，而建立漢武帝時代的儒學新境界，也是漢文帝時所含蓄而未發者也。⑧

伍、賈誼的儒家格局

賈誼，洛陽人。生於漢高祖七年（西元前二〇〇年），死於文帝十二年（西元前一六八年），壽三十三。⑨是一位具有悲天憫人胸懷的思想家、政治家。

賈誼少讀詩書，又善屬文，聲名顯於鄉里。河南太守吳公，聞其才學，召為門徒，後將其荐於文帝，被召為博士，又遷為太中大夫。向文帝提出了許多革新的建議，但由於文帝崇尚黃老術，為政主寬簡，不喜擾民，而不想多事變革，因而賈誼的多項建議，當時都未能付諸實行。又因賈誼在朝廷勢單力孤，加上鋒芒太露，才高而遭忌，老臣周勃、灌嬰、張相如、馮敬、鄧通等，不與合作，數進讒毀，因此，被遠謫為長沙王的太傅，給這一位有旺盛企圖的青年一大打擊。在他赴任路過湘水時，忽然想起「忠而被謗，信而見疑」，投江自沈的屈原來，有感自己的遭遇與屈原極相類似。於是滿懷辛酸，無處宣洩，便寫了一篇弔屈原賦，來寄託他那懷才不遇的痛苦心情。到了長沙以後，因地方偏僻卑濕，又水土不服，有一天，一隻鵩鳥飛闖進他的住屋，止於坐隅。相傳鵩鳥是一種不祥的惡鳥，賈誼自認為年壽將不久人世，思之又是一陣難過，於是便又寫了一篇鵩鳥賦，來自寬其心。後來由於文帝思念他的才華，便將其調回京師，轉為文帝少子梁懷王的太傅。不久，他又遇上了霉運，梁懷王因騎馬不愼，落地跌死。由於責任心太重，自傷為傅無狀，終日悲痛，自怨自尤。不到一年，終於結束了他坎坷的一生。⑩

史記屈賈列傳稱賈誼「凡所著述五十八篇。」後人把它編輯成書，可能即今日我們所看到的「賈子新書」。至於其他重要著述，在辭賦方面主要的有前面所提弔屈原賦和鵩鳥賦二篇，都具有濃厚的道家思想。它是由荀子短賦到漢古賦的過渡橋樑。劉大杰中國文學發展史論賈誼賦說：「他所缺少的是漢賦中那種華麗的辭藻與誇張的形式。但他在漢賦發展史上，卻佔有重要的地位，才眞是荀子賦篇的繼承者，楚辭的轉變者，也就是漢賦的先聲。」政論方面的文章有治安策、論積貯疏、過秦論、請封建子弟疏、諫除盜鑄錢令使民放鑄疏等編。⑪治安策旨在向文帝諫陳欲謀天下長久治安的辦法。論積貯疏之作，則因自春秋戰國以來，戰爭連年，全國生產力遭到極大的破壞。漢興，雖採取一些措施，力圖恢復社會經濟，可是成績並不顯著。文帝卽位，勵精圖治，提倡節約。但仍有很多農民棄農而從事工商活動。若人人捨本逐末，長此以往，將足以動搖國本。賈誼才上這篇疏，說明農業生產對治國安邦的重要性，要文帝鼓勵農民從事農業生產，並積貯糧食，以防意外。這影響到以後鼂錯、董仲舒的重農政策。過秦論則在論秦之由盛而衰，以至滅亡，其過乃在於用暴力統治，賈誼欲藉此文來警勉後世國君，唯有施行仁政，才能永保社稷。請封建子弟疏一文，則在建議文帝削減諸侯封地，廣封子弟，以强國本。諫除盜鑄錢令使民放鑄疏，乃因文帝五年（西元前一七五年），除盜鑄錢令，開放使民得自鑄，賈誼上此疏反對，因爲人民私鑄錢幣，將會擾亂金融，易導致國家喪亂。這些眞知灼見，充分表現出賈誼的才智和政治上的抱負。

賈誼融合了儒、道、法三家的思想，提出了多項改革朝政的議論，都是本著儒家精神，想要建立一大有爲的政府，但在當時卻未能付之實行，一來由於文帝好黃老言，政主淸靜無爲，不想過分擾民。二來因滿朝元老重臣，都不圖有所變革。然而並非因此就表示文帝不喜歡賈誼。例如：賈誼向文帝痛陳政治的得失利弊，主張削減諸侯封地，强幹弱枝，以鞏固王室，文帝曾爲之動容。又當賈誼任長沙王太傅時，文帝思之至殷，而將其徵召回京師，並與賈誼促膝長談至夜半，後又拜誼爲其最疼愛少子懷王之太傅，在在都可以看出文帝對賈誼的寵幸，而賈誼許多主張，從表面上看，文帝所以不盡從的原因，實限於客觀環境，而時機尙未成熟罷了。其實在文帝的骨子裡，已隱隱約約的可以看出他已接受了賈誼的儒家思想，賈誼的理想和改制的建議，在賈誼死後，也都慢慢付諸實現。

文景時代的黃老風尚，到武帝時一變而成爲儒學的新局面，賈誼則爲這二種思想承轉的主要關鍵人物。我們了解此項背景，對武帝「獨尊儒術」思想的演變，才不會感到來得太突然，因爲賈誼並不是等閒之人，他許多超人的見識，則由董仲舒加以繼承，所以戴君仁先生認爲漢武帝抑黜百家，非發自董仲舒。⑫因爲賈誼時已建立了一套儒家思想的新格局。

一、建立漢代外儒內法的政治型態

中國歷代國君治國理民，大多標榜儒家之治，行王道，倡導仁政。然而在實際政治上，卻離開不了法，如文帝一朝，仁慈節儉，待民寬大爲懷，但在史記儒林傳亦說文帝「好刑名之言」。這種儒法並行的治術，在賈誼的思想裡，已十分顯然。賈誼本從吳公受學，而吳公之學是出自李斯，李斯又從荀子游學。賈誼可以說是荀子的四傳弟子，所以他的政治思想與荀子有密不可分的關係。荀子成相篇說：

「治之經，禮與刑，君子以修百姓寧，明德愼罰，國家既治天下平。」

荀子雖是儒家的一大流派，但在荀子一書裡，已具有明顯的法家思想的傾向，難怪他的二大弟子—李斯、韓非，都是有名的法家學者。賈誼也深受荀子思想的影響，但他對法的應用與荀子稍有區別。他主張以禮義德化來治民，而以刑罰法令來對付諸侯王。如治安策說：

「夫仁義厚恩，人主之芒刃也；權勢法制，人主之斤斧也。今諸侯王皆衆髖髀也，釋斤斧之用，而欲嬰以芒刃，臣以爲不缺則折。」

上文所指的「仁義厚恩」，卽儒家的德政；「權勢法制」則是法家的威刑。而賈誼這種刑德並行論，乃是因勢而利用，因爲當時諸侯日漸坐大，驕橫難馴，用儒家的仁義恩德已難收大效，只好訴諸威勢刑罰，以銼其鋒芒。但對一般百姓則不然，他主張必須給予仁恩，這卽是本乎儒家的德化精神。他在治安策中，特別强調了國家欲長治久安的要領，乃在於廣施德政，興四維，隆禮義，立常經，重敎化。反對濫施法令刑罰。他說：

「夫立君臣，等上下，使父子有禮，六親有紀，此非天之所爲，人之所設也。」

這便是儒家禮治與人治的思想。治安策又說：

「以禮義治之者，積禮義；以刑罰治之者，積刑罰。刑罰積而民怨背，禮義積而民和親。故世主欲民之善同，而所以使民善者或異。或道之以德敎，或驅之以法令。道之以德敎者，德敎洽而民氣樂；驅之以法令者，法令極而民風哀。哀樂之感，禍福之應也。」

過秦論也說：

「然秦以區區之地，致萬乘之勢，序八州而朝同列，百有餘年矣！然後以六合爲家，殽函爲宮，一夫作難而七廟墮，身死人手，爲天下者笑，何也？仁義不施，攻守之勢異也。」

由上文可以看出，賈誼反對隨便對百姓使用刑罰，而希望以仁德來化民。他認爲以禮義仁德來治民，則百姓自然和親；若以刑名使民，則民皆怨背。故法令刑罰之設，只是用來對付諸侯王而已。甚至連大臣犯罪，都不主張用刑，而必須禮敬他們，這種主張和一般所謂儒法雜揉的觀念，顯然是有些不同。而他這種外儒內法的治國藍圖，影響漢代的政治非常深遠。

二、批評黃老、刑名，爲漢武帝罷黜百家，獨尊儒術之先驅

賈誼所作的弔屈原賦、鵩鳥賦，具有濃厚的老莊思想，那是不可否認的，如鵩鳥賦云：

「貪夫徇財，烈士徇名；夸者死權，品庶每生。怵迫之徒，或趨西東；大人不曲，意變齊同。愚士繫俗，僒若囚拘；至人遺物，獨與道俱。衆人惑惑，好惡積意；眞人恬漠，

獨與道息。釋知遺形，超然自喪；寥廓忽荒，與道翺翔。」賈生在不得志心情苦悶的時候，寫了這篇賦，具有老莊出世淡薄的意念。又云：「其生兮若浮，其死兮若休。」「福禍相倚，吉凶同域」，這種一生死，不分禍福吉凶的消極人生觀，都是在心境極端鬱悶的情況下，用來安慰自己或找退路的藉口，並不意謂著賈誼完全接受了道家的思想。換句話說：賈誼只是拿道家的學說，來作爲自身修養之用，至於在處理實際的政務上，他是反對黃老治術的。如他向文帝提出「衆建諸侯以少其力」，強幹弱枝，尊天子以安社稷的政策，以及高唱改革制度，以新面貌的呼籲，都與道家精神背道而馳。本傳說：

「誼以爲漢興二十餘年，天下和洽，宜當改正朔，易服色制度，定官名，興禮樂。乃草具其儀法，色上黃，數用五，爲官名悉更。奏之。文帝謙讓未皇也。然諸法令所更定，及列侯就國，其說皆誼發之。」

這一連串的主張更革，都須要有所爲而爲的大變動，可以說是針對儒家清靜無爲的一大挑戰。而這些更化革新卻無一不是本著儒家的眞精神。

至於賈誼對「刑名」的態度，也只是有條件的接受，已如前面所述。從他的思想整體來看，他是反對法家的「刑名」之學。在治安策一文中，他痛切的指出秦始皇治國用嚴刑峻法，結果破壞社會善良風俗。漢興，遺風猶存，可見其爲害之大。賈誼之所以反對「刑名」，卽反對此也。他說：

「商君遺禮義，棄仁恩，幷心於進取。行之二歲，秦俗日敗。故秦人家富子壯，則出分；家貧子壯則出贅。借父耰鉏，慮有德色；母取箕箒，立而誶語。抱哺其子，與公併倨；婦姑不相說，則反脣而相稽。其慈子耆利，不同禽獸者亡幾耳。然幷心而赴時，猶日蹷六國，兼天下。功成求得矣，終不知反廉愧之節，仁義之厚，信兼兼之法，遂進取之業，天下大敗；衆掩寡，智取愚，勇威怯，壯陵衰，其亂至矣。是以大賢起之，威震海內，德從天下。曩之爲秦者，今轉而爲漢矣！然其遺風餘俗，猶尚未改。今世以侈靡相競，而上亡制度，棄禮誼，捐廉恥。日甚，可謂月異而歲不同矣！逐利不耳，慮非顧行也。今其甚者殺父兄矣，盜有剟寢戶之簾，搴兩廟之器，白晝大都之中剽吏而奪之金。矯僞者出幾十萬石粟，賦六百餘萬錢，乘傳而行郡國，此其亡行義之尤至者也。而大臣特以簿書不報，期會之間，以爲大故。至於俗流失，世壞敗，因恬而不知怪，慮不動於耳目，以爲是適然耳。」

風俗之敗壞，是由於「棄仁恩」、「遺禮義」、「任刑罰」的緣故，所以賈生才主張用儒家教化，來移風易俗，使天下百姓回心向道。而他所以明申商法術，旨在輔佐儒道的不足，牟宗三先生稱：「此是其文化意識在貫注。故能觸目驚心，開闢心靈世界，而湧現移風易俗之理想也。此卽開『反法家之物化而重歸於吾華族自身之文化生命』之途徑也。……故反秦與法家而復華族傳統之文化生命，乃西漢初年之普遍意識，而視爲一大事，而由賈生開其始。雖在賈生時未甚彰著，文帝亦未能驟然施行，然終醞釀而開花結果于董仲舒與武帝時『復古更化』之文化運動。」⑬所以說賈誼是漢武帝時罷黜百家，獨尊儒術的先驅者。

三、以儒術作政治之用，而不在理論的發揮

從學術的貢獻來看賈誼，他對儒家思想的探討，用力不夠深，所以在儒家哲學體系的建立與宏揚上，遠不及武帝時的董仲舒，但是他能把儒家思想應用於實際政治上，顯得格外的具體與眞切。他可以說是一位實踐家，而非理論家。像前面所提他在政治上的許多改革的構想，如定官名，興禮樂，草具儀法，衆建諸侯，削減諸侯封地等措施，目標都在鞏固中央，欲建立一個强大統一的大帝國。這豈不是儒家尊王思想的具體實現？

社會風氣的善良與否，則有賴教化的推展。因此儒家强調教育設施及環境的改善，目的是要使人人合乎禮。如荀子勸學篇說：「君子居必擇鄉，遊必就士，所以防邪僻近中正也。」而賈生也不否認教育與環境影響一個人品德發展的重大。他在治安策說：

「習與正人居之，不能毋正，猶生長於齊不能不齊言也。習與不正人居之，不能毋不正，猶生長于楚之地不能不楚言也。」

這和荀子「居越而越，居楚而楚」的理論相同。但荀、賈二人對於敎育與環境的立場，也稍有差異。荀子是一位教育家，所以對環境的看法是偏重於教學方面；賈生是位政論家，因此偏於政治方面，而提出了教導太子的主張。⑭他看到太子啓（後來的景帝）行爲不檢，如曾與梁王同車入朝，過司馬門不下車。又曾擊殺吳王太子，而引起吳王的不滿，深覺事態嚴重。因此以秦趙高敎導胡亥爲例，强調敎傅太子的重要性。治安策云：

「夫三代之所以長久者，以其輔翼太子有此具也。及秦而不然。其俗固非貴辭讓也，所上者告訐也；固非貴禮義也，所上者刑罰也。使趙高傅胡亥而敎之獄，所習者非斬劓人，則夷人之三族也。故胡亥今日卽位而明日射人，忠諫者謂之誹謗，深計者謂之妖言，其視殺人若艾草菅然。豈惟胡亥之性惡哉？彼其所以道之者非其理故也。」

太子卽未來之天子，一身繫國家興亡盛衰之關鍵，三代及亡秦是最好的借鏡，所以欲興國家，必先重視太子的教育，進而要注意太子太傅之選擇。治安策又說：「天下之命，懸於太子。太子之善，在於早諭教與選左右。夫心未濫而先諭教，則化易成也；開於道術智誼之指，則教之力也。若其服習積貫，則左右而已。夫胡、粵之人，生而同聲，耆欲不異，及其長而成俗，累數譯而不能相通，行者(有)雖死而不相爲者，則教習然也。臣故曰選左右早諭教最急。夫教得而左右正，則太子正矣！太子正而天下定矣。書曰：『一人有慶，兆民賴之。』此時務也。」賈誼提出教育太子的主張，也是居於政治上的用心，因爲太子是未來的皇帝，所以希望教好太子，而以太子的言行，來作萬民的典範。這也是賈誼所說：「太子正則天下定矣」的眞正意義。

匈奴是我國古代北方的主要邊患，高帝曾被困於平城。以後漢廷對付匈奴的政策主要有二派，一派主懷柔，如和親；一派主征伐。文帝時匈奴氣焰甚爲囂張，已非用和親、納幣卽可以滿足他們的慾望。賈誼以爲憑漢國勢之大，而不能制服匈奴，實在可恥。於是主張加强邊防，以防備匈奴。便向文帝提出一個對付匈奴的「耀蟬計劃」，這個計劃，既不是懷柔，也非用武力征伐。而是要朝廷設立一專門官員，來處理邊防大計。並設法移民實邊，令千家而爲一國，列處塞外，西從隴西，東到遼東，各守汛地，來防備胡人的蠢動。他們都直轄於中央，戰時還可以防止月氏、灌窳的侵略，平時則可退爲屯田的良民。賈誼認爲這麼一來，可以宣揚大漢天子的威德，使內行於四海，外達於邊塞。那麼遠者悅服，近者來歸。⑮這種策略是介於懷柔和征伐之間，卽要求首先要壯大自己，然後臨之以威德，使敵人懾服。這是儒家「以德服人」思想的權變應用，其見解堪稱高人一等。但班固卻批評他「其術固以疏矣！」⑯豈不怪哉！

在治安策中，他又提出「尊尚禮義敎化」，「戒奢侈，興廉恥。」「重視農業，以防意外」等主張。都是儒家精神在政治上的具體表現，所以賈誼的儒家格局，絕不是只限於理論上的工夫。

陸、騶衍的陰陽五行遺說

陰陽五行學說的發生，主要的目的是要將宇宙間紛雜的萬物萬事，歸納出一個條理，使它系統化。它可以說是早期的中國人對天地萬物所附會出的一種自然率。是漢代學術思想的骨幹，它用陰陽來統轄天地、晝夜、男女、尊卑、動靜、剛柔……等。又以木、火、土、金、水五行，來代表時令、方向、神靈、音律、服色……等。應用的範圍極爲廣泛，影響所及，無論在政治上、學術上、人民生活上，一直都受到它的支配。縱使在二十世紀科學時代的今天，社會上仍然留下了不少陰陽五行色彩的殘影。其勢力之大，幾乎可以和儒家學說相抗衡。

一、陰陽、五行說的起源

陰陽與五行，本是二回事，它起源的時間很難確定。所謂陰陽，最初只不過是指宇宙自然現象的陰陽二氣而已。墨子云：「是以天之爲寒熱也，節四時，調陰陽雨露也。」管子四時篇也說：「是故陰陽者，天地之大理也；四時者，陰陽之大經也。」後人也有稱「雲覆不見日爲陰，雲開而見日爲陽」者，都把它看成是自然界變化的一種現象。所以漢書藝文志稱陰陽家是出於義和之官，而義和的職責，根據尙書說它是掌管四時的官，因爲它與人民日常生活的關係極爲密切，加上人類的想像，於是慢慢的與人事交相附和，因而「陰陽」二字便具有了哲學的意味。如國語：「陽至而陰，陰至而陽；日困而還，月盈而匡。古之善用兵者，因天地之常，與之俱行。」呂氏春秋盡數篇也說：「天生陰陽，寒暑燥濕，四時之化，萬物之變，莫不爲利，莫不爲害。聖人察陰陽之宜，辨萬物之利以便生，故精神安乎形，而年壽得長焉。」此陰陽與人事附會的痕迹極爲顯然。

五行是指木、火、土、金、水，它的起源與陰陽之說相彷彿。最初可能也只是指天上五大星宿的名稱。漢書藝文志說：「五行者，五常之星氣也。」就如後人所說的五大行星、九大行星之類。史記天官書說：「天有五星，地有五行。」卽由天上五種星宿的名稱，轉而變成地面上的五種元素。後來由於占星家的想像和陰謀，也逐漸的和人事相呼應起來，以後再和「卜筮家」合流，終於變成了中國歷史上一種很特殊的哲學。

二、騶衍與陰陽五行說

陰陽、五行之說，很早就散見於中國古代的典籍中。在周易一書裡曾談及陰陽，在尚書洪範中也提到五行，但在二書中對於陰陽、五行說的理論，卻未作系統的申述。直到戰國時代才有一套完整的思想體系。梁啓超先生以爲陰陽五行說是創於燕齊之方士，而騶衍是負責者之一。⑰我的老師王夢鷗先生曾加以修訂說：「把原有的陰陽說加入於五行說中而起消息作用的，是創自騶衍；並由他傳與燕齊海上之方士。這些方士，出身各有不同，而所操之『術』亦不一樣；其中有巫覡、龜卜、候星望氣以及兵農醫之流。他們各採取騶衍的陰陽五行說爲基本定律，而用以推衍各自的學說。」⑱可知陰陽、五行本各有來歷，到了騶衍才把它合而爲一，用它的原理來說明上古史及中國以外的地理構造，也用以解釋宇宙間諸般的現象。到了漢代這種學說更大爲盛行，董仲舒便是闡發此學說的最重要人物。

三、陰陽五行說的理論

漢書藝文志列有九流十家，其中有陰陽家，可能卽是陰陽五行家的省稱。騶衍便是這一家的代表，今書都已亡失，所以要考其學說要旨，十分困難。史記孟子荀卿列傳說：

「騶衍睹有國者益淫侈，不能尙德若大雅整之於身，施及黎庶矣，乃深觀陰陽消息，而作怪迂之變、終始大聖之篇，十餘萬言。其語閎大不經，必先驗小物，推而大之，至於無垠。先序今以上至黃帝，學者所共術，大並世盛衰，因載其禨祥度制，推而遠之，至天地未生，窈冥不可考而原也。先列中國名山大川通谷，禽獸水土所殖，物類所珍，因而推之，及海外人之所不能睹。稱引天地剖判以來，五德轉移，治各有宜，而符應若玆。以爲儒者所謂中國者，於天下乃八十一分居其一分耳。中國名曰赤縣神州，赤縣神州內自有九州，禹之序九州是也，不得爲州數，中國外如赤縣神州者九，乃所謂九州也。於是有裨海環之，人民禽獸，莫能相通者，如一區中者，乃爲一州。如此者九，乃有大瀛海環其外，天地之際焉。其術皆此類也。」

騶衍死後，一般人因「譁言其術」，所以其書亡佚甚早。從史記中我們所能了解的，有如上所述，在呂氏春秋中也保留了騶衍的一部分學說，後人就根據這一些殘缺的資料，加以推測騶衍陰陽五行學說的要旨，大概重在解說一個以陰陽五行配列的宇宙，從空間看，我們所處的世界，實際上只是「大九州」中之一微塵；從時間看，我們生存的時代，也只不過是宇宙終始運行中的一刹那。⑲而騶衍學說對後世影響最大的，可以說是他的五行「相勝」與「相生」的理論。也就是他的「五德終始」的主張。史記封禪書云：「騶衍以陰陽主運顯於諸侯。」集解引如淳曰：「今其書有主運，五行相次轉用事，隨方面爲服。」由此可見「主運」的內容，卽是在講「五德終始」的原理；它可分大小兩型不同的循環，大型的五德終始，是用來說明一朝一代的更替，四代的更迭卽由此而產生。其順序爲虞土、夏木、殷金、周火，騶衍爲戰國時人，所以水德尚缺，以後繼周者，當屬於水德。每一德都定有與該五行相應的制度，歷史的演變，卽按照土、木、金、火、水的順序循環運轉，這就是所謂的「五行相勝」，又稱相剋。而小型的五德終始，卽指四時改火，春爲木，夏爲火，中央土（四時共有，或有人說它屬季夏），秋爲金，冬爲水。四時相次用事，年年周而復始，王者據此，居明堂以行時令，此謂之「五行相生」，而這種「相勝」或「相生」的現象，卽由陰陽消息的動力所產生。

木、火、土、金、水五行，其「相勝」、「相生」，都有一定的規則。董仲舒春秋繁露說：「比相生、間相勝」。意思是說：順位則相生，卽木生火，火生土，土生金，金生水，水生木，春秋夏冬四時的變化卽由此而產生。（見表一）而隔位則相勝，卽木剋土，金剋木，火剋金，水剋火，土剋水，由此而造成虞、夏、商、周四代的更替（見表二）。

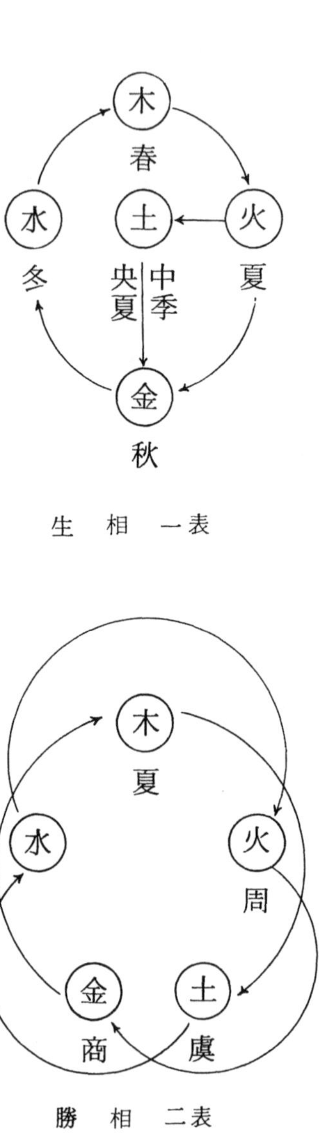

表一　相生

表二　相勝

雖然說是「相生」、「相勝」，但並不是相對的，木能生火，但火並不能生木。木能剋土，但土卻不能剋木。可以說只是一種單向的直線循環，所以四時不可能逆轉，因此時光不能倒流。江山一代換一代，歷史也不可能重演。

柒、漢初的經學風尚

經學成爲漢代學術的重心，雖然是董仲舒以後的事，但漢初已開始注意到儒家經典的蒐集及整理工作。文帝時已立了許多經學博士，如研究詩的魯申公、燕韓嬰都爲博士。他又派了鼂錯到濟南伏生處受尙書，不久，朝廷便任命伏生弟子歐陽生爲尙書博士。到了景帝時，又以齊人轅固生爲齊詩博士，董仲舒、胡母生爲春秋博士。到了漢武帝以後，又立十四個經學博士，詩有齊、魯、韓三家；書有歐陽、大夏侯、小夏侯三家，皆伏生之所傳；禮有大戴、小戴二家，皆高堂生之所傳；易有施、孟、梁丘、京房四家，皆由田何之所傳；春秋公羊傳有嚴（彭祖）、顏（安樂）二家，同出胡母生、董仲舒。以上十四家完全是屬於今文學派。

兩漢經學之所以發達，原因很多，但主要的是由於朝廷對經學的重視，上所施下所效，當然不難蔚成風氣。再則當時正受到「通經致用」思想的鼓舞，所謂「以禹貢治河，以洪範察變，以春秋決獄，以三百篇當諫書。」⑳因此，當時的大政治家很少不通經的，如漢書張敞傳云：「敞本治春秋，以經術自輔。」經學一旦跟仕宦合流，對於經學的研究，自然大有幫助。南史儒林傳說：「兩漢登賢，咸資經術。」顧炎武日知錄：「通經爲吏」條下說：「漢武帝從公孫弘之議，下至郡太守卒吏，皆用通一藝以上者，……然則昔之爲吏者，皆曾執經問業之徒，心術正而名節修，其舞文以害政者寡矣！」這種通經可以爲吏的時代風尚，可說是大大的刺激了兩漢經學的研究風氣，再加上當時博士的官位並不算小，初封爲四百石，後增至六百石，內遷可以爲奉常、侍中，外遷可以爲郡國守相、諸侯王太傅等。這種祿利的引誘，也是促成了西漢經學發達的主要原因。

捌、雜家淮南子

淮南子爲劉安之著作。安爲漢高祖之孫，其父名長，是高帝之少子。漢十一年（西元前一九六年），英布造反被滅後，長被立爲淮南王，因他在京城打死了審食其，被囚往蜀郡嚴道縣，途中絕食而卒。在文帝十六年（西元前一六四年），子安襲父封爲淮南王。

漢書說劉安好讀書鼓琴，善爲文辭。武帝方好文藝，甚重之。詔使爲離騷傳，自旦受詔，日暮時上，足見其才高不凡。嘗招致賓客方士，作內篇二十一篇，又有中篇八卷，言神仙及煉黃金、白銀之術，在安入朝時，把內篇獻於武帝，武帝愛秘之，此卽今本淮南子。以後又獻有頌德及長安都國頌等。元朔間，上重賜几杖不朝，後有謀逆之心，事發自殺，時間是在武帝元狩元年（西元前一二二年）。

淮南子一書，最初名爲鴻烈，鴻爲大，烈爲明，意取明大道之意。有人以爲其書與呂氏春秋相似，是出自劉安門下之手。但據于大成先生說：「觀其門下士，若伍被、雷被、毛被、晉昌等，沒有一個是在學問上有表現的，可以知道，像淮南內篇這樣一部體大思精的著作，斷非諸人之力可以完成。大約此書是先由劉安擬爲篇目，然後由門客分頭搜集材料，作成初稿，最後再由劉安親加潤色完成。」㉑于氏的推測，堪稱合理。此書內容博大精深，又極艱澀難讀，東漢時許愼、馬融、延篤、高誘四人曾爲之作注，現馬、延之注已亡佚，許、高之注亦殘缺不全。宋人取許愼、高誘二家注本合爲一書，卽今之淮南子二十一篇。

漢書藝文志把淮南子歸於雜家類。所謂雜家，是指戰國末期，雜揉儒、道、墨、名、法諸家而成的一個新學派，它的特點乃擷取了百家之所長。但淮南子雖屬雜家，而其思想大體言之，仍以道家爲主。由此，亦可看出當時社會學術思潮受道家的影響相當深。現在將淮南子重要的思想略述如下：

一、以「道」爲宇宙之本體

淮南子是以「道」爲宇宙的本體，及萬物之根源。那麼何謂「道」呢？原道訓說：

「夫道者，覆天載地，廓四方，柝八極，高不可際，深不可測；包裹天地，稟授無形；原流泉浡，沖而徐盈；混混滑滑，濁而徐清。故植之而塞於天地，橫之而彌於四海，施之無窮，而無所朝夕；舒之幎於六合，卷之不盈於一握；約而能張，幽而能明；弱而能强，柔而能剛。」

「道」爲化生萬物之源，無所不包，無所不能，無所往而不在，但有時又顯得幽微而柔弱，不可强說。在宇宙混沌未開之時，已先天地而存在，稱之為「太始」。天文訓云：「天地未形……故曰太始。」也就是易經所說的「太極」，這和老子「道生一，一生二，二生三，三生萬物」的道理一樣。淮南子原道訓，通篇大致都在發揮老子之道，所以淮南子對道的認定，是源本於老莊，然後據此以貫穿他的宇宙觀、人生觀和政治觀。

二、循天而與道游

淮南子對天人關係的看法，與董仲舒相似。都認為人天不但相副，而且可以交互感應。精神訓說：

「故頭之圓也象天，足之方也象地。天有四時、五行、九解、三百六十六日，人亦有四肢五臟九竅三百六十六節。天有風雨寒暑，人亦有取與喜怒。」

人身之一切，既然取象於天，而萬物又出於道，因此，他的人生觀是要循天而與道游。只要知本執要，不違背自然常理，則事功可見。若違背天道而强為，是他所極力反對的。原道訓說：

「達於道者，反於清淨。究於物者，終於無為。以恬養性，以漠處神，則入於天門。所謂天者，純粹樸素，質直皓白，未始有與雜揉者也。所謂人者，偶𥇍智故，曲巧僞詐，所以俛仰於世人，而與俗交者也……循天者，與道游者也。」又：「是故清靜者，德之至也；而柔弱者，道之要也；虛無恬愉者，萬物之用也。」

又說：「故達於道者，不以人易天。」

這種清靜、無爲、恬淡、守柔、虛無的人生觀，都是自身修養所應具備的要件，他發揮了老子「返樸歸眞」的道理，勉人只要順著天地理則，遺棄世俗，自然與「道」合一。

三、言性善而欲反民心之本初

淮南子論人性，是以人性體天心，而天道在他的心目中是最爲眞實無欺、樸實無華的理想世界，當然他是肯定人性本善了。這乃繼承孟子性善說的主張，因此，他認爲只要反民於本初，便可以行善。俶眞訓說：

「神明定於天下，而心反其初，心反其初而民性善。民性善而天地陰陽從而包之，則財足。財足而人贍矣，貪鄙忿爭不得生焉。」

他既然認爲人性本善，而人之所以行惡，是因爲受到物欲的矇蔽所致。所以欲敦厚風俗，驅民向善，根本要道，在於反民性之初。至於仁、義、禮、樂，在他看來，都是治標的辦法，這顯然受到老子「絕仁棄義，民復孝慈」的影響。境界雖高，但不夠積極。與董仲舒「性有善質而未全善」的觀點不同。董氏認爲人之行善是有賴國君之教化，可知董生學乃傾於儒，淮南子則偏於道。

四、雜糅法的無爲而治

老子主張無爲而治，這在洪荒剛闢，民風樸實的古代或可行得通，若用於漢之大帝國，可能就有了問題，所以淮南子雖也講無爲，但與老子「無治」的「無爲」不同。他在修務訓中說：

「若吾所謂無爲者，私志不得入公道，嗜欲不得枉正術，循理而舉事，因資而立權，自然之勢，而曲故不得容者，事成而身弗伐，功立而名弗有。非謂其感而不應，攻而不動者。」

所以淮南子所指的無爲，是不違背天理，不以私害公，功成而名不屬等的無爲，一切順乎自然而行，像「感而不應」、「功而不動」，並非無爲之本義。修務訓又說：

「蓋聞傳書曰：『神農憔悴，堯瘦臞，舜黴黑，禹胼胝』。由此觀之，則聖人之憂勞百姓甚矣！故自天子以下至於庶人，四肢不動，思慮不用，事治求澹者，未之聞也。夫地勢水東流，人必事焉，然後水潦得谷行。禾稼春生，人必加功焉，故五穀得遂長。聽其自流，待其自生，則鯀、禹之功不立，而后稷之智不用。」

「地勢水東流」，人應順其勢，導水使注入海；「禾稼春生」，因此必須勤於耕稼，以助五穀之長。這種順乎自然而爲之事，淮南子並不反對。所以所謂「無爲」，是指不違背常理之「無爲」，並不是消極的無所作爲。而爲了實現他的理想，他主張用法家之法，來作爲人主治國的準繩，和人類行爲的規範，使一切行事皆合乎天理。主術訓說：

「法者，天下之度量而人主之準繩也。」

所以法之設，是在警勉人君順自然而爲，欲借法的力量以實現老莊的理想，這與道家的基本精神並不相違背。主術訓又說：

「言事者，必究於法，而爲行者，必治於官。上操其名，以責其實；臣守其業，以效其功，言不得過其實，行不得踰其法。」

若人人皆能遵法而行，國君當然可以深居無爲，天下自然晏安無事。

劉安與董仲舒都是漢初的大思想家，他們所處的時代相彷彿。因皆生於先秦諸子百家之後，所以在思想上都不免受到各家的影響，如劉安雖偏於道家，但也具有濃厚的法家和儒家觀念。而董仲舒雖偏於儒家，亦雜有陰陽家、道家之學說，如在繁露書中，有專論道家的篇章。像循天之道篇旨卽全在講養生，主張人之養生，主要在循天的「中和」之道，以養氣爲先，這完全是道家的說法。尊崇儒術雖然是當時學術的大流，但卻無法摒棄百家學說而不談。所以像賈誼、董仲舒等大學者也都非純儒。

附注

①見徐復觀著兩漢思想史—漢初啓蒙思想家—陸賈。

②見中國歷代思想家第二冊王更生著陸賈。

③同注①。

④見史記曹相國世家。

⑤見漢書李廣蘇建傳。

⑥見林尹著中國學術思想史大綱。

⑦見史記儒林傳。

⑧見牟宗三作歷史哲學—蕭曹文景。

⑨鄭振鐸中國文學年表云誼生於高祖六年，卒於文帝十一年，誤。本傳云：「梁王勝（揖）墜馬死，誼自傷爲傅無狀，常哭泣，後歲餘，亦死。賈生之死年三十三。」而文帝紀十一年云：「夏六月梁王揖薨。」是賈誼死在文帝十二年，往回溯三十三年，即高祖七年。

⑩見史記屈賈列傳，漢書賈誼傳。

⑪治安策見漢書本傳。論積貯疏見漢書食貨志。過秦論見史記秦始皇本紀，賈子新書，漢書

陳勝、項籍傳。請封建子弟疏見漢書本傳。諫除盜鑄錢令使民放鑄疏見漢書食貨志。

⑫見孔孟學報十六期戴君仁作漢武帝抑黜百家非發自董仲舒考。

⑬同注⑧。

⑭參見東海學報十八期黃錦鋐著賈誼和鼂錯的政治思想。

⑮參見賈子新書匈奴篇。

⑯見漢書賈誼傳贊。

⑰見古史辨梁啓超作之陰陽五行說之來歷。

⑱見王夢鷗著騶衍遺說考。

⑲見同上。

⑳見皮錫瑞著經學歷史—經學昌明之時代。

㉑見商務印書館王壽南主篇中國歷代思想家于大成作劉安。

第三章　董仲舒的學術思想體系

董仲舒之學術思想體系，是由對「天」的觀念而發，他在天人三策中說：「道之大原出於天。」即以天爲本，然後參以儒家精神，及陰陽學說來解釋人生。而以「陰陽五行」、「天人相副」之說爲基礎，提出了災異與符命、歷史演變的三統說、人性有善質而未全善、春秋義法等主張；而欲國君本之仁義、五常，來治國理民，以實現其合乎天道的儒家大一統的政治理想。這種思想，結構極其嚴密，氣魄至爲宏大，影響深遠，形成兩漢學術思想的主流。

壹、論天——道德的天

天本來是宇宙大自然衆星羅列的空間，在中國古代的典籍裏，有關於天的記載相當的多。說文云：「天、顚也，至高無上，從一大。」這種至大、至高的「天」，諸多現象實在非人類智慧所能了解，爲了探求其奧秘，於是哲學、科學便隨之而產生，因而也促進了今日的文明世界。而中國人在古代對天的觀念，大概有三種情形：一爲無知的天。指天是一種大自然界。而所謂的自然，也包括二層的意思，凡大地一切無生命的物質，都稱之爲自然物，如空氣、水、日、月、金、銀、銅、鐵……等。左傳昭公二十三年云：「天有三辰（日、月、星），地有五行。」所以天是日、月、星許多自然物的總和，此爲自然的第一層意思；自然的第二層意思，謂「自然如此」的自然，或「自然無爲」的自然。如論語陽貨篇：「子曰：天何言哉！四時生焉，百物生焉。」荀子天論篇也說：「天行有常，不爲堯存，不爲桀亡。應之以治則吉，應之以亂則凶。」此種自然觀亦爲道家「無爲」哲學的精神，老子說：「故飄風不終朝，驟雨不終日，孰爲此者？天也。」莊子太宗師也說：「死生、命也。其有夜旦之常天也。」都指天是一種自自然然的東西，無絲毫意念存在，縱然有許多的變化，如四季晝夜的循環、颳風下雨……等，都是一種無知無目的的自然現象，並無具其他用心，這種「自然無爲」的自然，已經寓有深長的哲理意味。二爲有意識的天、認爲天是造物之主。如莊子達生篇說：「天地者，萬物之父母也。」詩經大雅蕩篇也說：「天生蒸民，其命匪諶？」都認爲天能主宰萬物，是至高無上的，所以它是具有人格之神，能降福禍，賞懲善惡，如「天監厥德」、「天降喪于殷」、「天作孽」。詩經大雅：「於萬斯年，受天之佑」。左傳成公八年：「三代之令王，皆數百年保天之祿。」孟子萬章篇也說：「萬章曰：堯以天下與舜，有諸？孟子曰：否，天子不能以天下與人。然則舜有天下也，孰與之？曰：天與之。」又離婁篇：「順天則存。」以上，都認爲天具有一種意志的行爲能力。另外，居於「無知」和「意識」之間，又有所謂「命運」的天，此「天」其實就是指人之命而言，認爲天命是一定的，如論語顏淵篇：「子夏曰：商聞之矣，死生有命，富貴在天。」孟子梁惠王篇也說：「苟爲善，後世子孫必有王者矣。君子創業垂統，爲可繼世。若夫成功則天也。」又：「吾不遇魯侯，天也。」此天卽含有主宰人的一切，有些並非人力可以强爲之意。以後所强調的「天命」、「天道」等觀念，以及許多的人生哲學、政治哲學、社會哲學、歷史哲學等，都是由這三種對天的體認轉化發展而成。而董仲舒的天人哲學，主要是指着能呼應人事的「有意識的天」，因它能賞善懲惡，姑且稱它爲道德的天。

馮友蘭在中國哲學史說：「董仲舒所謂之天，有時係指物質之天。」這話頗值得斟酌董氏認爲天是宇宙的本體，它的組成，具有十種元素。春秋繁露（以下簡稱繁露）官制象天篇說：

「何謂天之端，曰天有十端，十端而止已。天爲一端，地爲一端，陰爲一端，陽爲一端，火爲一端，金爲一端，木爲一端，水爲一端，土爲一端，人爲一端。凡十端而畢天之數也。」

木火土金水最初的意義，乃指天地間的五種物質，是古代民間早有的常識觀念，也是一些民生日用所須具備的。五行之義篇又說：

「天有五行，一曰木，二曰火，三曰土，四曰金，五曰水。」

從上面二段話隱約可以看出，董仲舒對天的基本觀念，乃指天是由天地、陰陽、五行和人等要素，組合而成的自然界，是泛指自然之全體。這是馮氏所指「物質之天」的主要依據，其實此種觀念在天人策和春秋繁露中，表現得很模糊。文既然說「人」也是構成「天」的一端，就不能直稱「天」爲物質。

董仲舒論天，最主要的認爲天是具有意志和智力的自然主宰者，他說：「仁，天心。」（繁露俞序）「天積衆精以自剛」（繁露立元神）「天道積衆精以爲光」（繁露考功名）都以它爲天地間萬物之主。又繁露陰陽位說天是「任陽不任陰，好德不好刑」，那麼天不但有智慧，而且是具有意志的好生施德的神了。天人策云：

「臣聞天者，群物之祖也，故徧覆包函而無所殊，建日月風雨以和之，經陰陽寒暑以成之。故聖人法天而立道，亦博愛而亡私，布德施仁以厚之，設誼立禮以導之。」

天既然爲群物之祖，能建日月風雨，能經陰陽寒暑，所以具有一股莫大的神明力量。離合根篇說：

「天高其位而下其施，藏其形而見其光。高其位，所以為尊也；下其施，所以為仁也。藏其形，所以為神；見其光，所以為明。故位尊而施仁，藏神而見光者，天之行也。」

天高高在上，又具有一種知覺行為意向，關係到人間的吉凶、福禍、治亂、興衰，所以人應效法天道而行。董仲舒天人一體的思想主要即由此演變而成。

中國人常把一些無可奈何的事，歸諸天，此天即指「命」而言，如論語憲問篇說：「子曰：道之將行也與，命也！道之將覆也與，命也！公伯寮其如命何？」孟子萬章篇也說：「孔子進以禮，退以義，得之不得，曰有命。」這裡孔子、孟子所指的命，好像是說上天所支配的人事變遷，各有一定的極限，而非強求即可得，或逃避就可豁免的。「死生有命，富貴在天。」夭壽、貧富，均有常數，此謂之天命。若認為「天命」眞的有常，就不免具有些消極宿命的意味。但其實不然，像董仲舒對「天命」的立場，是指「盡人力而聽天命」的一種處世態度。他雖然肯定天道有常，但却不主張宿命。繁露天道無二篇說：

「法天之道，事無大小，物無難易；反天之道無成者，是以目不能二視，耳不能二聽，一手不能二事，一手畫方，一手畫圓，莫能成。」

所以人類應遵天道而行，順其自然，不可反其道，才能奏大功。如五行的運轉，四時的更替，都有一定的常軌。天道既然如此，人事亦不能例外。明乎此，方能眞正了解董仲舒天人學說的深義。中庸云：「天命之謂性，率性之謂道，修道之謂教。」說明了教化的目的，在於敦品勵節，而欲敦品勵節，則必須各循人性之自然，這種人性之自然，卽上天所給予的。這叫做天命。朱子集註云：「蓋人知己之有性，而不知其出於天；知事之有道，而不知其由於性；知聖人之有教，而不知其因吾之所固有者裁之也。故子思於此首發明之。而董子所謂道之大原出於天，亦此意也。」

貳、陰陽五行說

陰陽五行說是由陰陽家而來，前已論述，而董仲舒可以說是集大成的人物。在其所著春秋繁露八十二篇中，據梁啟超先生的分析，有關陰陽五行說的，就佔了二十三篇。他說：「其中所含精深之哲理固甚多，要之半襲陰陽家言。」①而陰陽家富有極濃厚自然主義的色彩。胡適說：「陰陽家雖然迷信，他們的根本學說都頗帶有自然主義的色彩，陰陽消息，五行終始，都是自然現象，一德已終，不得不終；一德將興，不得不興。改正朔，易服色，都只是順著自然的轉移，並不是用人事轉移天命。」②所以說陰陽五行學說是導源於對「天」一些自然現象的觀察。

一、論陰陽

漢書本傳說景帝、武帝時，董仲舒治公羊春秋，始推陰陽爲儒者宗，而董氏首認爲陰陽是構成天道二個主要的元素。繁露陰陽義篇說：

「天道之常，一陰一陽。」順命篇又云：

「天者萬物之祖，萬物非天不生，獨陰不生，獨陽不生，陰陽與天地參然後生。」

周易繫辭傳也說：「一陰一陽之謂道。」都是說明了道不離乎陰陽，當其混合爲一時，謂之元，易經稱爲太極，是爲宇宙自然之大始，萬物生生之本源。它的內在具有動的趨向，也就是後人所說的陽氣、陰氣，思想家所謂的宇宙論卽由此而發。而由於陰陽二氣的變化，天地萬物由此生焉。再加以附合引申，以陰陽象徵著各種德性，如剛柔、實虛、尊卑、明晦、生殺、仁義、善惡……等。更以陽爲尊，主德，陰爲卑，主刑。繁露陽尊陰卑篇云：

「惡之屬盡爲陰，善之屬盡爲陽，陽爲德，陰爲刑。」又云：「陽氣煖，而陰氣寒；陽氣予，而陰氣奪；陽氣仁，而陰陽氣戾；陽氣寬，而陰氣急；陽氣愛，而陰氣惡；陽氣生，而陰氣殺。」

陰陽本是天道發用表現的二大要素，其實不應有尊卑高低之分，但陽爲生，陰爲殺，董氏爲了實現他崇德抑刑的主張，而以陽爲尊，陰爲卑，這種重陽輕陰的傾向，在周易一書，也表現得十分明顯，如以陽爲君，以陰爲臣，坤文言曰：「陰雖有美，含之，以從王事，弗敢成也，地道也，妻道也，臣道也。」所以鄭玄在益卦注云：「陰陽之義，陽稱爲君，陰稱爲臣。」又以陽爲君子，陰爲小人，如泰卦彖曰：「泰小往大來吉亨，則是天地交而萬物通也，上下交而其志同也。內陽而外陰，內健而外順，內君子而外小人，君子道長，小人道消也。」又剝卦僅上六爲陽，其他五爻皆陰，所以卦辭云：「不利有攸往，小人長也。」易乾鑿度也說：「陽得正於上，陰得正於下。尊卑之象，定禮之序。」

董氏還認爲陰陽二氣有相生相剋的現象，即「陽顯」的時候則「陰藏」，「陰出」的時候則「陽伏」，二者互爲消息，四季由此而產生。繁露陰陽出入上下篇說：

「天道大數，相反之物也，不得俱出，陰陽是也。春出陽而入陰，秋出陰而入陽，夏右陽而左陰，冬右陰而左陽。陰出則陽入，陽出則陰入，陰右則陽左，陰左則陽右。是故春俱南，秋俱北，而不同道；夏交於前，冬交於後，而不同理。並行而不相亂，澆滑而各持分，此之謂天之意。」

由於陰陽的盛衰、消長，而產生四時的變化，這種相生相剋的現象，也就是萬物生生不息的原動力。

陰陽既然有盛衰，人道也有得失。那麼聖人應法自然之象，與陰陽合德，以治百姓。

二、論五行

陰陽二氣，由於隨著時節的變化有所消息，董氏把它分爲：少陽、太陽、少陰、太陰，這四者皆由金、木、水、火而起，而分別配以春、夏、秋、冬四時；在夏之末，董生又別出了季夏，以土配之。於是，陰陽與五行便合而爲一。如此，將陰陽分爲四部分，然後與四時、五行相配，可能即出自董氏。至於彼此間的種種作用，可能是祖呂氏春秋十二紀紀首之意，③只不過是董仲舒說得更完整，更爲具體而已。繁露天辨在人篇說：

「金、木、水、火，各奉其所主，以從陰陽，想與一力而併功，其實非獨陰陽也。然而，陰陽因之以起，助其所主。故少陽因木而起，助春之生也。太陽因火而起，助夏之養也。少陰因金而起，助秋之成也。太陰因水而起，助冬之藏也。」

五行對篇云：

「天有五行，木、火、土、金、水是也。木生火，火生土，土生金，金生水。水爲冬，金爲秋，土爲季夏，火爲夏，木爲春。春主生，夏主長，季夏主養，秋主收，冬主藏。」

五行相生而成四時，乃自然之現象，它分別又具有生、長、養、收、藏等特性，董生拿它與人事相配合，而建立了他的天人學說。

五行在四時中無法安排的土德，董仲舒反而給予最尊貴的地位，他說：「土居中央，爲之天潤。」是土爲五行之主。繁露五行之義篇說：

「土者天之股肱也，其德茂美，不可名以一時之事，故五行而四時者，土兼之也。」

土最尊，居中央，爲四時所共有，董生說是屬於季夏，本來四時各有三月，今又多一季夏，而季夏到底有多少月，是置於夏末呢？或秋初？董氏並沒作合理的解說。

三、相生相勝

自然的天，是本著一定的規律在運行，相生與相勝，便是四時更迭及五行運轉的主要理則。繁露五行相生篇云：

「天地之氣，合而爲一；分爲陰陽，判爲四時；列爲五行。行者行也，其行不同，故謂之五行。五行者，五官也，比相生而間相勝也。」

五行的順序爲木火土金水，木生火，火生土，土生金，金生水，水生木，順序遞變，所以稱爲比相生，形成了一年四季。在前章已略加論述，但爲何「比」會相生？在繁露五行相生篇中，乃以人事變遷的道理去說明它的原委，十分勉强，這是後人甚不滿意的地方。

間相勝，即指金勝木（中隔水），水勝火（中隔木），木勝土（中隔火），火勝金（中隔土），土勝水（中隔金），而何以會相勝？董氏首先以五行配五官，木爲司農，火爲司馬，土爲君（司營），金爲司徒，水爲司寇，然後再說明其相剋的關係。繁露五行相勝篇云：

「夫木者農也，農者民也，不順如叛，則命司徒誅其率正矣，故曰金勝木。」

「夫火者大朝（盧云：疑當作本朝），有邪讒熒惑其君，執法誅之。執法者水也，故曰水勝火。」

「夫土者君之官也，君大奢侈，過度失禮，民叛矣，其民叛，其君窮矣，故曰木勝土。」

「金者司徒，司徒弱不能使士衆，則司馬誅之，故曰火勝金。」

「夫水者執法司寇也，執法附黨不平，依法刑人，則司營誅之，故曰土勝水。」

董氏亦以人事的道理，來說明五行相勝的原因，牽强附會，並未說出所以然來。他的目的只是想把自然界，理出一種規律，來解釋政治得失和人事變遷的種種現象。陰陽家用此道理來解釋歷代政權的遞變，但在董仲舒本人並沒以五德相勝的理論，來說明朝代的興替，他改用三統說，則爲五德終始說的應用，這是屬於他歷史哲學的看法，留待後節再詳爲討論。

四、陰陽五行說與人事關係

陰陽五行說，既然是根據當時宇宙諸般現象所歸納出的自然率，而人類也是大自然的一分子，那麼人世間的一切事物，也當依此自然的準則去行事。所以董仲舒說五行者乃忠臣孝子之行，他說：「聖人之行，莫貴於忠。」董氏以忠來配土德，特以顯示土德的重要。由此，也可以看出五德終始說，爲何以黃帝先配土德的因由。更可以知道董氏立此說的主要目的，最後是要與實際的政治合而爲一。

總之，宇宙間的萬事萬物，雜亂紛陳，而董仲舒想借用五行，讓它條理系統化，然後作爲國君治理政事的依據，乃是範疇國君行爲的好辦法，繁露五行順逆篇說：

「木者春生之性，農之本也，勸農事，無奪民時。使民歲不過三日，行什一之稅，進經術之士，挺群禁，出輕繫，去稽留，除桎梏，開門閭，通障塞。」

「火者夏成長本朝也，舉賢良，進茂才，官得其能，任得其力，賞有功，封有德，出貨財，振困乏，正封疆，使四方。」

「土者夏中成熟百種，君之官，循宮室之制，謹夫婦之別，加親戚之恩。」

「金者秋殺氣之始也，建立旗鼓杖把旄鉞，以誅賊殘，禁暴虐，安集故，動衆興師，必應義理，出則祠兵，入則振旅，以閑習之，因於搜狩，存不忘亡，安不忘危，修城郭，繕牆垣，審群禁，飭兵甲，警百官，誅不法。」

「水者多藏至陰也，宗廟祭祀之始敬，四時之祭，禘祫昭穆之序，天子祭天，諸侯祭土，閉門閭，大搜索，斷刑罰，執當罪，飭關梁，禁外徙。」

董仲舒以五行之次序，設計這一套政治措施，欲實際政治與時令相配合，乃沿襲了禮記月令、明堂位、呂氏春秋十二紀的說法，而構成此完整的陰陽五行的政治哲學。他又以仁、智、信、義、禮五常，配以木火土金水五行，這些如果以現代的眼光來看，根本毫無科學根據，可以說是合理中的不合理，但它能使繁雜的事物，趨於簡單而有規律，對當時漢代的政治，具有一種規範的作用。

參、倡天人相副

人、天如果可以相互感應，那麼天人自然可以合而爲一，這種思想，是儒家哲學的基本信念之一，儒家學者相信，上天具有知覺意識，凡人經由心性的實踐工夫，逐步開拓，將可達到天人合一的境界。而董仲舒卽本著他「道德的天」，發展成「天人相副」的思想，而構成他的「天人哲學」。

一、天人何以能相副

一般哲學家，認爲人心是能相互感通的主體，而宇宙萬物莫不有情，有情者莫不相感，如國語越語云：「天因人，聖人因天。人自生之，天地形之，聖人因而成之。」又云：「夫人事必將與天地相參，然後乃可以成功。」這都是天人可以交感理論的雛型。而董仲舒認爲天人可以相副，其原因如下：

㈠人身符天數

董氏把人與天的關係，看得極爲密切，他認爲天本與人同類，凡人之一切可比諸於天。又從生理構造上，說明天人相同之點，來解釋其相應的道理。繁露人副天數篇說：

「人有三百六十節，偶天之數。」又云：

「天以終歲之數，成人之身，故小節三百六十六，副日數也。大節十二分，副月數也。內有五臟，副五行數也。外有四肢，副四時數也。乍視乍瞑，副晝夜也。乍剛乍柔，副冬夏也。乍哀乍樂，副陰陽也。」又云：

「人之身首妶（蘇輿云：妶作坌，墳起之意）而員，象天容也。髮象星辰也，耳目戾戾象日月也，鼻口呼吸，象風氣也；胸中達知，象神明也；腹胞實虛，象百物也。」又云：

「天地之符，陰陽之副，常設於身。身猶天也，數與之相參，故命與之相連也。」

不但人的一切與天相符，而且人的形體、德性，還是由上天變化而成，由此構成天人相副的橋樑。繁露爲人者天說：

「人之形體化天數而成，人之血氣化天志而仁，人之德行化天理而義，人之好惡化天之暖清，人之喜怒化天之寒暑，人之受命化天之四時，人生有喜怒哀樂之答春秋冬夏之類也。」

又陰陽義云：

「天亦有喜怒之氣，哀樂之心，與人相副，以類合之，天人一也。」

因此從本質上來看，人與天應該是合而爲一。

㈡人本於天

程顥語錄說：「天人本無二，不必言合，若不一本，則安得先天而天弗違，後天而奉天時。」④天人既然無二別，當然可以相互感應。繁露爲人者天篇云：

「爲生不能爲人，爲人者天也。人之人本於天，天亦人之曾祖父也。此人之所以乃上類天也。」

天既然與吾人同體，萬物也與吾人同氣，證明了天人可以相副是有其基礎的。所以繁露立元神說：

「天地人，萬物之本也。天生之，地養之，人成之。天生之以孝悌，地養之以衣食，人成之以禮樂。三者相爲手足，合以成體，不可一無也。」

㈢天具有知覺感情

天是具有知覺感情的，其說已見於本章第一節，它能生養萬物，呼應人生。繁露王道通三篇說：

「春氣暖者，天之所以愛而生之，秋氣清者，天之所以嚴而成之，夏氣溫者，天之所以樂而養之，冬氣寒者，天之所以哀而藏之。」又云：

「天覆育萬物，既化而生之，有養而成之。」

人副天數篇也說：

「天地之精，所以生物者，莫貴於人。人受命乎天也，故超然有以倚。」

人之一切既然與天相合，天道人道又彼此相通，而天又具有知覺感情，因此說天人相副，能交互感應，卽天可感人，人亦可以感天。

二、天人相副說的實際應用

天人相副的思想，在古代經典中，有關的記載，不勝枚舉，陰陽學家將這種思想加以系統發揮，而形成一股極大的勢力，尤其在漢代，以這種學說爲中心，建立了一個新的宇宙論，對當時的政治、社會、民間信仰，都具有很大的影響力。而董仲舒便是這種學說有力的倡導人，這乃是出自於他對天絕對的尊崇，但可能也有意欲以此說來控制人民的行爲，和限制皇帝的權利。繁露爲人者天篇說：

「天地之數，不能獨以寒暑成歲，必有春夏秋冬；聖人之道，不能獨以威勢成政，必有教化。」

因天人彼此可以相副，所以人君應效法天道，而助化育。

四時之副篇又說：

「天之道，春煖以生，夏暑以養，秋清以殺，冬寒以藏；暖暑清寒，異氣而同功，皆天之所以成歲也。聖人副天之所行以爲政，故以慶副暖而當春，以賞副暑而當夏，以罰副清而當秋，以刑副寒而當冬。慶賞罰刑，異事而同功，皆王者之所以成德也。慶賞罰刑，與春夏秋冬，以類相應也，如合符。故曰王者配天，謂其道。天有四時，王有四政，若四時通類也。天人所同有也。」

因此，人必須法天，順天道，依天志行事，那是極自然的現象。繁露楚莊王篇云：

「今天大顯己物，襲所代而率與同，則不顯不明，非天志，故必徙居處，更稱號，改正朔，易服色者，無他焉，不敢不順天志而明自顯也。」

這種參天地，助化育，合天意而有所作爲的天人合一的思想，與道家的「聽任自然」，隱士的「歸隱自然」的順天思想，絕不相類。它是董仲舒學術思想的主要根源，也是他政治哲學的主要依據。後節所要論述的災異與符命，便是天人相副說最顯著的例子。

肆、災異與符命

天人交感的思想，災異與符命便是最具體的表現。符命也是後人所稱的瑞應，與災異有如一物之兩面，不但董仲舒重視它，而且也是兩漢學術思想很重要的一環。

一、災異之變

所謂災異，是指上天所顯現非尋常的變化。如水災、旱災、火災、地震、蟲災、天出彗星、天雨石、夏雨雪……等災害或怪異的現象。王充論衡說它是由「變氣」而起，都是國家失道時，上天先出的災異以譴告人。繁露必仁且智篇云：

「天地之物，有不常之變者，謂之異；小者謂之災。災常先至而異乃隨之。災者，天之譴也；異者，天之威也。譴之而不知，乃畏之以威。詩云：『畏天之威。』殆此謂也。凡災異之本，盡生於國家之失。國家之失，乃始萌芽，而天出災害以譴告之。譴告之而不知變，乃見怪異以驚駭之。驚駭之尚不知畏恐，其殃咎乃至。以此見天意之仁而不欲陷人也。」

天人策也說：

「故春秋之所譏，災害之所加也；春秋之所惡，怪異之所施也。書邦家之過，兼災異之變，以此見人之所爲。其美惡之極，乃與天地流通，而往來相應，此亦言天之一端也。」

所以災異者，乃天人徵驗的一種現象，也是上天對人類行爲不當時的一種警告。

㈠災異說之起因

董仲舒一方面把天看成一種規律，而人又是自然的一分子，所以認爲天人本同體。一方面又認爲天是具有意識的，會懲惡而揚善，二者構成了災異思想的基本理論。他在繁露同類相動篇說：

「今平地注水，去燥就濕。均薪施火，去濕就燥。百物去其所與異，而從其所與同。故氣同則會，聲比則應，其驗皦然也。試調琴瑟而錯之，鼓其宮則他宮應之，鼓其商而他商應之。五音比而自鳴，非有神，其數然也。美事召美類，惡事召惡類，類之相應而起也。如馬鳴則馬應之，牛鳴則牛應之。帝王之將興也，其美祥亦先見，其將亡也，妖孽亦先見。物故以類相召也。」又云：

「天有陰陽，人亦有陰陽，天地之陰氣起，而人之陰氣應之而起；人之陰氣起，而天地之陰氣亦宜應之而起，其道一也。明於此者，欲致雨則動陰以起陰；欲止雨則動陽以起陽。故致雨非神也。而疑於神者，其理微妙也。非獨陰陽之氣可以類進退也，雖不祥禍福所從生亦由是也，無非已先起之，而物以類應之而動者也。」

天既然是指宇宙萬物合爲一體的自然界，而人又是大自然整體的一分子，理當順天理求和諸，如有乖戾，等於整體有了缺陷，就如人之器官有了異常，便生病痛一樣，災異即由此產生。繁露天地陰陽篇亦云：

「世亂而民乖，志僻而氣逆，則天地之化傷，氣生災害起。」

此所謂的「氣逆」，就是王充所說的「變氣」。漢書董仲舒傳武帝制文云：「災異之變，何緣而起？」董仲舒對曰：

「……及至後世，淫佚衰微，不能統理群生。諸侯背畔，殘賊良民，以爭壤土。廢德教而任刑罰，刑罰不中，則生邪氣。邪氣積於下，怨惡畜於上，上下不和，則陰陽繆戾，而妖孽生矣。此災異所緣而起也。」

可見董氏乃循「天人感應」而說災異，是一種極自然的現象，只要國君失德，政治昏亂，殘賊百姓，上天便會降災異以警告人君。換句話說，上天能應人君政治之得失，使其知有所改善。

(二)災異之現象

災異是指自然異乎尋常的變化，它導源於人事之缺失。這種思想中國古代早已有之，如詩經云：「日月告凶，不用其行；……彼月而食，則維其常，此日而食，于何不臧。」又國語記載，幽王二年曾有一次大地震，而詩經十月之交對這次地震的情形，記載十分詳盡，詩云：「爗爗震電，不寧不令；百川沸騰，山冢崒崩；高岸爲谷，深谷爲陵；哀今之人，相憯莫懲。」日蝕、地震都是反乎常道的大災異，而董仲舒認爲諸多變異的現象，都有一定規律，卽有某因必致某果。他在繁露五行五事篇說：

「王者與臣無禮貌，不肅敬，則木不曲直，而夏多暴風。」

「王者言不從，則金不從革，而秋多霹靂。」

「王者視不明，則火不炎上，而秋多電。」

「王者聽不聰，則水不潤下，而春夏多暴雨。」

「王者心不能容，則稼穡不成，而秋多雷。」

董氏把災異的現象，也納入了五行的範圍，不但具有其政治上的用心，且穿鑿之迹也極爲顯然。

(三)救變之道

災異的出現，旣然是由於德衰、政失，上天先給人君的一種警示。因此上天顯示了災異以後，國君應馬上醒悟己身的過失，而要有所應變；卽「救之以德，施之天下。」則災害可免，咎可消除。若「不救以德」，那麽「不出三年，天將雨石。」災異將更爲嚴重，而導致國家敗亡。因此，木之變，是因傜役多，賦稅重；救變之道，則在「省傜役，薄賦斂。」火之變，是因善惡不明，賢愚失序，賞罰欠當；救變之道，則在「舉賢良，賞有功，封有德。」土之變，是因不孝不弟，荒淫過度；救變之道，則在「省宮室，去雕文，舉孝弟，恤黎元。」金之變，是因棄義而重利；救變之道，則在「舉廉潔，立正直，隱武行文，束甲械。」水之變，是因法令緩，刑罰不行；救變之道，則在「憂囹圄，案奸宄，誅有罪，蓂五日。」⑤所以在董仲舒的眼光裏，救變之道，並不只在悔過、修德、深慮而已，必須付諸實際行動，革新向道，「强勉人事」。因此依照五行及災異類別，而設計此一套救變的方法，構想堪稱縝密。

這種災異的思想，乃利用人君對自然的神祕感，附會一些自然的不正常現象，來約束人君的行爲，用意極佳。如漢書東方朔傳載：漢武帝欲收鄠杜縣的民田爲上林苑，朔卽以災異的觀點上書反對，他說：

「臣聞謙遜靜愨，天表之應，應之以福，驕溢靡麗，天表之應，應之以異。」又云：

「奢侈越制，天爲之變，上林雖小，臣尚以爲大也。」

東方朔再以殷、周末世及秦王暴政爲例，諷諫武帝須以天變爲戒。他又說：

「夫殷作九市之宮而諸侯畔，靈王起章華之臺而楚民散，秦興阿房之殿而天下亂。……願陳泰階六符，以觀天變，不可不省。」

漢武帝雖然沒因東方朔的此策而就停止上林苑的徵收，但這種思想在當時的確發揮了一些效力。如遇災異，國君則下詔罪己，因而廣行仁政，修持愛民；大臣也反躬自省，以佐君王；人民也得以警戒策勉，因此去惡行善。對於國家社會的安定，有了莫大的影響，凡有志於兩漢學術思想之研究者，絕不可以等閒視之。

二、受命之符

災異是出於國君不德，內政不修，而上天先示災物以譴告之，使國君有所警惕。符命正好相反，繁露爲人者天篇云：「唯天子受命於天，天下受命於天子。」玉杯篇也云：「春秋之法，以人隨君，以君隨天。」所以人君受命乃出自天意。只要國君能仁恩廣施，一旦天下盛平，上天會出瑞物以相應，如「氣物卓異，朱草、醴泉、翔鳳、甘露、景星、嘉禾、萐脯、屈軼之屬」。又如「山出車，澤出舟，男女異路，市無二價，耕者讓畔，行者讓路，頒白不提挈，關、梁不閉，道無虜掠，風不鳴條，雨不破塊，五日一風，十日一雨，其盛茂者，致黃龍、騏驎、鳳皇。」⑥這些瑞應，在平時都是對國君仁政善行的一種鼓勵，冀其能精益求精，更上一層。若在新舊政權轉移時，則爲給此新政權得天下的一種藉口。漢書董仲舒傳載武帝制文云：「三代受命，其符安在？」董氏對曰：

「臣聞天之所大奉使之王者，必有非人力所能致而自至者，此受命之符也。天下之人同心歸之，若歸父母，故天瑞應誠而至。書曰：白魚入於王舟，有火復於王屋，流爲烏，此蓋受命之符也。」

此在說明得天下也是出自天意，而人類何以知之？卽因有上天瑞物來顯示。如書云：「白魚入於王舟，有火復於王屋，流爲烏。」這卽周應得天下的受命之符。西京雜記引董仲舒話云：

「太平之時，風不搖條，開甲破萌而已；雨不破塊，津莖潤葉而已。」

這種風調雨順，卽國泰民安的祥瑞徵兆。董氏以此來勉勵人君，得有天下後，亦不可怠惰，仍須夙夜憂勤，爲國爲民，以植福基。天人策云：

「……王者承天意以從事，故任德而不任刑。刑者不可任以治世，猶陰之不可任以成歲也。爲政而任刑，不順於天，故先王莫之肯爲也。今廢先王德敎之官，而獨任執法之吏治民，毋乃任刑之意與！……故爲人君者，正心以正朝廷，正朝廷以正百官，正百官以正萬民，正萬民以正四方。四方正，遠近莫敢不壹於正，而亡有邪氣奸其間者。是以陰陽調而風雨時，群生和而萬民殖，五穀熟而草木茂。天地之間，被潤澤而大豐美；四海之內，聞盛德而皆來臣。諸福之物，可致之祥，莫不畢至，而王道終矣！」

因此人君只有順天之意，任德不任刑，正己以正四方，然後膏露降，草木茂，五穀熟……萬瑞呈祥，這就是儒家所謂的「王道」之治。

災異是平時施政不得民心，或政權要轉移前上天給人的警告，如能即時反省，痛改前非，仍可保有天下，要不然則將導致國家變亂，甚至亡身亡國。而符命則指只要能順天行事，天下自然歸心，上蒼顯示祥瑞，授命而使其得有天下，所謂天與人歸，即指此而言。然不可因此而志得意滿，仍須潔身警惕，然後瑞應連接不斷，子子孫孫將可永保帝王之業。由此可見上天的仁厚。天道雖有其常，但亦靡常，唯有道德的修持，歸本仁政，方能得天之祐，長圖久安。董仲舒所以提出了災異與符命的觀點，來約束人君，足見其用心之良苦。

伍、歷史演變的三統說

陰陽五行家，因把天看成無限的權威，又認爲它是具有一定的規律，所以把帝王繼承的統緒，也配入了五行。他們認爲做天子，一定要得到五行中的一德，並且上天也會顯示該德的符應。若某德衰了，便由另一德起而代之。呂氏春秋有始覽名類篇依鄒衍學說，訂出一套帝王移轉的系統，喚做五德終始說，其大要如下：

黃帝得土德，天顯現黃龍地螾，色尚黃，制度尚土。

禹據木德興，得草木秋冬不殺之祥，色尚青，行木德制度。

湯以金剋夏水，天先見金，色尚白，其事爲金。

文王以火剋商金，天先見火，赤烏銜丹書集於周社，色尚赤，行火事。

代火者必爲水，天且先見水氣勝，色尚黑，行水事。

當時的學者，便用這五德的規律去解析歷史。秦始皇幷天下以後，依五德說應屬於剋周火的水德，但不見天之符應，而有人說，從前秦文公出獵時獲得一條黑龍，可見水德之祥早已有了，於是他們便用鄒衍的法典定出了一套水德的制度：

以十月爲歲首（建亥）。

祀服旄旗都用黑色。

數以六爲紀，如符是六寸，輿是六尺，乘是六馬。

行政剛毅戾深，事決於法。

黃河更名爲德水。

這是實行五德說的第一次。⑦

用五德終始說來解釋歷史運行的法則，到了漢初仍然流行著，但意見甚爲紛歧，就以漢應屬於何德來講，就有三種不同說法，如劉邦自認爲赤帝子，斬白蛇起義，好像是以火德自居。張蒼爲計相時，尋秦原有系統以正曆法，因爲高祖是在十月才到霸上，因此便沿襲秦制以十月爲歲首，而不加更改，推五德之運轉，仍然以漢爲水德，色尚黑。後來張蒼擔任丞相，那時魯人公孫臣曾上書，陳終始五德傳，說漢應居土德，而得有黃龍之符，因此應該改正朔，易服色。但張蒼認爲不對，而不予採用。不久相傳有黃龍見於成紀，於是文帝便召公孫臣擔任博士，叫他草擬土德的曆法制度，文帝似乎有意把漢歸入土德的體系，[8]而賈誼也以爲漢當居土德。後來又因種種原因改爲火德。班固在漢書高帝紀贊說：「漢承堯運，德祚已衰，斷蛇著符，旗幟上赤，協於火德，自然之應，得天之統。」因此漢由火德而水德、土德再回到火德。孰是孰非，各派意見紛紜，令人難以適從。爲了解決實際上的安排困難，於是新的歷史哲學又應運而生，有所謂三統說及三世說。這二種歷史哲學，可能是出自公羊學者，但却很難說出是誰創始的。然據今所能查考到的資料，以春秋繁露的記載最爲詳細，所以董仲舒當是此說的集大成人物。本節即就三統說而加以論述之。

一、五德終始說與三統說的關係

董仲舒不用五德終始說，大概由於此說在當時因有不少爭論，爲了避免捲入是非漩渦，只好另立他說。然而，他雖然不用五德終始的原理來解釋歷史，但我們可看得出三統說也是從五德說脫胎而來的，他認爲朝代的遞嬗，就順著下列三統的順序循環下去：

夏爲黑統，寅正，色尚黑。

商爲白統，丑正，色尚白。

周爲赤統，子正，色尚赤。

每一統和五德中的每一德一樣，他都設計有一套很詳密的制度，我們將二者加以對照，可看出二者之間有密不可分的關係。顧某在「五德終始說下的政治和歷史」一文中，認爲三統說與五德說有三點類似的地方：一爲五德說終而復始，三統說也是如此。二爲五德說、三統說都以顏色分。三爲五德說以五德作禮樂制度的標準，而三統說也是以三統四法作禮樂制度的標準。因此三統說大概是截取五德說的五分之三稍加改變而成。現在就把二者關係，列一簡表如下：

朝代	五德說	顏色	三統說	三正	四法	備註
五帝	土	黃	（赤統）		法商	有以舜代表此德
夏	木	青	黑統	寅	法夏	
商	金	白 ↑	白統	丑	法質	
周	火	赤 ↑	赤統	子	法文	
漢（秦）	水	黑 ↑	（黑統）	（寅）	法商	

從此表中可以看出，三統說與五德說中的後三德的顏色完全一致，但在夏以前，二說就不免有相互矛盾的地方。如夏在五德說是屬木德，色尙青，而在三統說則屬黑統。所以董氏在繁露三代改制質文一文中，只得從「湯受命而王」說起，夏以前則閉口不說，多少有些避重就輕之嫌。

依照董氏的三統說，漢應居何德？董氏並未明說。如把秦也算是一統，則是繼周而有天下者，那麼漢就應屬白統，但是秦因國祚太短，在漢初立五德說時，就以漢直接承周，不把秦當作一德。而董氏也有類似的看法，他認爲孔子作春秋，是應天作新王之事，時正黑統，似在爲漢立制。他又極力主張改正朔，更化易俗。在武帝太初年間所頒行的新曆法，大抵沿用夏曆，以寅爲正。又天人策說：「今漢繼大亂之後，若宜少損周之文，致用夏之忠者。」可見董氏是以漢爲黑統。

二、三統的政治制度

黑、白、赤三統，每一統都有它自己一套的制度，王者受命於天，凡得某一統爲天子者，則依此統所定的制度去行事。歷史就依此系統不斷的更迭，周而復始。繁露三代改制質文云：

「三正以黑統初。正日月朔於營室，斗建寅。天統氣始通化物，物見萌達，其色黑。故朝正服黑，首服藻黑，正路輿質黑，馬黑。大節綬幘尚黑，旗黑，大寶玉黑，郊牲黑，犧牲角卵，冠於阼，昏禮逆於庭，喪禮殯於東階之上。」

「正白統者，歷正日月朔於虛，斗建丑。天統氣始蛻化物，物始芽，其色白。故朝正服白，首服藻白，正路輿質白，馬白。大節綬幘尚白，旗白，大寶玉白，郊牲白，犧牲角繭，冠於堂，昏禮逆於堂，喪事殯於楹柱之間。」

「正赤統者，歷正日月朔於牽牛，斗建子。天統氣始施化物，物始動，其色赤。故朝正服赤，首服藻赤，正路輿質赤，馬赤。大節綬幘尚赤，旗赤，大寶玉赤，郊牲騂，犧牲角栗，冠於房，昏禮逆於戶，喪禮殯於西階之上。」

董仲舒建議武帝：「更稱號，改正朔，易服色」，也是出自此三統之思想。但所謂改制，並非「改其道，變其理」，從前文中，我們可以看出所更改的都是一些外表儀文，至於立國之原則，人倫大綱，當然不可變易，天人策云：「三王之教，所祖不同，而皆有失，或謂久而不易者，道也。」繁露楚莊王篇也說：

「今所謂新王必改制者，非改其道，非變其理。受命於天，易姓更王，非繼前王而王也。若一因前制，修故業，而無有所改，是與繼前王而王者無以別。受命之君，天之所大顯也。事父者承意，事君者儀志，事天亦然。今天大顯已物，襲所代而率與同，則不顯不明，非天志。故必徙居處，更稱號，改正朔，易服色者，無他焉，不敢不順天志而明自顯也。若夫大綱人倫，道理政治，教化習俗，文義，盡如故，亦何改哉？故王者有改制之名，無易道之實。孔子曰：無爲而治者，其舜乎！言其主堯之道而已。此非不易之效與？」

歷史的三統循環，尚須配合「四法」，所謂四法，卽繁露三代改制質文所稱的「有四而復者」，董仲舒分別把它與天地配合，卽舜主天，法商（蘇輿云：商、常也。）而王；禹主地，法夏（蘇輿云：夏、大也。）而王；湯主天，法質而王；周主地，法文而王。每一組也各有一套制度，茲表列於後：

四法	其道	其德	行事	昏冠禮	喪禮	祭禮	三統
商（常）	佚陽（天）	親親多「仁」樸	立嗣予子，篤母弟，妾以子貴。	字子以父，別眇，夫婦對坐而食。	別葬	先臊，夫妻昭穆別位。	舜（赤）
夏（大）	進陰（地）	尊尊多「義」節	立嗣予孫，篤世子，妾不以子稱貴號。	字子以母，別眇，夫婦同坐而食。	合葬	先亨，婦從夫爲昭穆。	禹黑
質	佚陽（天）	親親多質「愛」	同商	同商	同商	先嘉疏，夫婦昭穆別位。	湯白
文	進陰（地）	尊尊多「禮」文	同夏	同夏	同夏	先秬鬯，婦從夫爲昭穆。	文王赤

繁露三代改制質文云：「四法如四時然，終而復始，窮則反本。」可知董氏之四法設計，乃取象於四時，它所定的各種措施，比較偏重於修身、居家的行事規範，與三統說那一套屬於政治的制度，是稍有不同。若把二者合而爲一，便是人君修齊治平的基礎。足見董氏考慮之周詳，立說之完備。

三、三統與三教

三統與四法合組成一個十二代的周期的循環，而歷史爲何要依此而循環下去呢？乃因「德衰」而有相救的必要。所以董氏在天人策中，提出了夏忠、殷敬、周文三教相救的說法。天人策云：

「先王之道，必有偏而不起之處；故政有眊而不行。舉其偏者，以補其弊而已矣。……夏尚忠，殷尚敬，周尚文者，所繼之捄，當用此也。孔子曰：『殷因於夏禮，所損益可知也；周因於殷禮，所損益可知也；其或繼周者，雖百世可知也。』此言百世之用此三者矣。」

三教的說法，可能早期的陰陽家學者業已提出，漢書嚴安傳引騶子云：「政教文質者，所以云救也。」是說前代的政治日久必生弊端，而必須代之以新的觀念和作風，以補正前代之缺失。董仲舒或許是參考陰陽家說，並附會春秋大義，而提出此三教相救說，欲以「忠」來匡正秦末漢初的社會只重儀文，缺乏誠實心意之弊端，這可能也是當時知識分子所共同的希望。史記高祖本紀太史公說：「夏之政忠，忠之敝，小人以野。故殷人承之以敬，敬之敝，小人以鬼。故周人承之以文，文之敝，小人以僿。故救僿莫若以忠，三王之道，若循環，終而復始。周、秦之間，可謂文敝矣。秦政不改，反酷刑法，豈不繆乎？故漢興承敝易變，使人不倦，得天統矣。」司馬遷曾從董仲舒學春秋，⑨所以此說多少是受董氏的影響。

陸、論人性謂有善質而未全善

人性是中國哲學史上的一大問題，也是爭論最多的問題之一。在董仲舒以前，論及人性的，據王充論衡本性篇所載，有周人世碩，以爲人性有善有惡，又宓子賤、漆雕開、公孫尼子之徒也論性情，但他們詳細的學說，今都不得而見。在孟子一書中，有孟子與告子間關於「性」的爭論。告子說：「生之謂性」。是說凡物之生都有其本然之性，如水往下流，火往乾燥地方燒，魚性喜歡水，鳥獸性好山林，此性完全是屬於一種自然之趨向，並無所謂善惡，這可能是性最初的意義。後來討論到人性的價値，在漢以前，現存比較具體的，有主性善的孟子，和主性惡的荀子二人。孟子論性，本之形而上的道德層次，謂人有仁、義、禮、智四善端。他說：「惻隱之心，羞惡之心，辭讓之心，是非之心，人皆有之。」一個人只要依此四端，擴而充之，便可行之善事來。這是屬於一種以「先驗法」而道人性本善。至於荀子所謂的性惡，其實已偏重於情性方面而立說，換言之，荀子所謂的「人之性惡，其善者僞也。」此處所指的「性」已合「情性」而言。譬如指某人生性暴躁或悲觀，像這種所謂的暴躁、悲觀等情性，乃是受外界情境影響所產生的情緒狀態，並非人本來面目之性。所以荀子認爲人生而有「好利」、「疾惡」、「耳目之欲」等情性趨向，因此，如「從人之性，順人之情」，必然會做出惡事來。若此，荀子乃直接就生命之生理、心理層次言性，即以「經驗法」來說明人性本惡。可見孟子、荀子所認定的性善性惡的出發點並不太一致，而且二者所用的方法，也相互歧異，因此，所得的結論當然不同。到了漢代，一些論性的學者，如董仲舒、揚雄、王充等人，則綜合了孟、荀的說法，走上性「善惡混」二品論、或三品論的道路。

一、性的認定

欲論人性之善、惡，必先要了解什麼叫性；性的涵義被確認後，才能肯定性的價值觀。而歷來哲學家賦予性的意義，十分紛歧：有的認爲性乃萬物之本然，或是一種生命的現象，就像前面告子所說的：「生之謂性。」有的則依據自己所體驗層次的不同，而給「性」作特殊的詮釋，如孟子道性善，荀子主性惡，以及漢儒性二品論、三品論等。

莊子庚桑篇云：「性者，生之質也。」董仲舒在春秋繁露深察名號篇也說：「性者，質也。」蘇輿繁露義證認爲「質」者，卽指「血氣心知」而言，乃從禮記樂記之說。宋儒或稱之爲氣質。荀子正名篇云：「生之所以然者謂之性。性之和所生，精合感應，不事而自然者謂之性。」這是荀子最初對性的認定，與董氏的「質樸之謂性」（天人策）之說，並無差別。後來荀子從自身心理和生理的需要體驗所得，才又說：「情者，性之質也。」這一發展，把情性的關係看得比董仲舒便更爲密切。董氏既然認爲「性」是質樸的本心，他說：「貪、仁之氣兩在於身。」（深察名號篇）當然包括了「仁性」和「貪情」兩種，因此，依性而行，則可善可惡。而人性之中，既然貪、仁兩備，就不可貿然斷其爲善、爲惡。這就是董氏論性的基本立場。

二、性與善的關係

董仲舒論人性，從表面上看，正好折衷了孟、荀兩家的說法，在春秋繁露深察名號及實性二篇論之最詳。他以陰陽配性情，並以性包括了未被情感染前的原始本性和情二種，而此原始之性，董氏認爲是人生自然之質，已如前面所述。善，可以從性出，但性的本身未必全爲善，他曾用禾與米的關係來作比喻，深察名號篇說：

「故性比於禾，善比於米。米出禾中，而禾未可全爲米也。善出性中，而性未可全爲善也。」

性既然「未可全爲善」，那麼就不能直稱性爲善，因爲它還有惡的一面，所以不能以「善」來概括整個人性。於是實性篇他說：「是以米出於粟，而粟不可謂米；玉出於璞，而璞不可謂玉；善出於性，而性不可謂善。」又善的標準也不一，董氏將人分爲「聖人」、「中人」、「斗筲」三種，對其善的要求也分別不同。他又說：

「或曰性也善，或曰性未善，則所謂善者，各異意也。性有善端，動之愛父母，善於禽獸，則謂之善；此孟子之善。循三綱五紀，通八端之理，忠信而博愛，敦厚而好禮，乃可謂善；此聖人之善也。故孔子曰：『善人吾不得而見之，得見有常者斯可矣！』由此觀之，聖人之所謂善，未易當也，非善於禽獸，則謂之善也。」

他欲以此來否定孟子人人皆有善心的說法，以明性只是那天生質樸的本心，雖然具有善端，但性並不就等於善。又善的標準既然因人而異，可知人之所以爲善，乃敎訓使然。繁露實性篇說：

「中民之性，如繭如卵，卵待覆二十日而後能爲雛，繭待繰以涫湯而後能爲絲。性待漸於敎訓而後能爲善。善，敎訓之所然也。」

善，依董氏的看法，是有待後天的敎化，當然性的本身就不能斷然稱之爲善了。這倒有點類似荀子的主張。

董仲舒以此說來批評孟子的性善論，但立論並不圓通，我們可以看出董氏並不否定人性有善端的存在，只是不認爲此善端就謂之善性而已。也就是實性篇所說的「性有善質，而未能爲善也」之意。

三、性與情

董仲舒一方面說：「性者，乃生之質也。」而不承認善端卽爲善性的說法；一方面又主張：「情本，人之欲也。」而情又是生於性，所以性也包括了情，這與荀子的見解相同。董氏以爲情者，乃「人之欲也」，他說：「情非度制不節」（見天人策），凡人若順其情欲自然發展，則有行惡之傾向。而董仲舒所謂的性，卽指此性情而言。深察名號篇說：

「天地之所生，謂之性情，性情相與爲一瞑，情亦性也。」性與情之關係，董氏又把它比之於陰陽，他又說：

「身之有性情也，若天之有陰陽也，言人之質而無其情，猶言天之陽而無其陰也。」

許愼說文也說：「性，人之陽氣，性善者也；性，人之陰氣，有欲者。」可見以性、情配陰陽，是漢儒極流行的說法。

陽尊而陰卑，陽爲性，陰爲情，所以性可以行善，然情則爲貪之原。深察名號篇又說：

「栣（蘇輿云：栣，任制也。）衆惡於內，弗使得發於外者，心也。故心之爲名，栣也。人之受氣苟無惡者，心何栣哉？吾以心之名得人之誠，人之誠有貪有仁，仁貪之氣兩在於身，身之名取諸天，天兩有陰陽之施，身亦兩有貪、仁之性；天有陰陽禁，身有情欲栣，與天道一也。」

此段在說明人之性，源於天之陰陽，而人不行惡，須以心制之，所以，董仲舒論人性，不但調和了孟、荀的主張，而且又加以引申發揮，以爲人之所以行善，必須以性禁情。王充論衡本性篇說：「仲舒覽荀、孟之書，作性情之說，曰『天之大經，一陰一陽；人之大經，一情一性。性生於陽，情生於陰。陰氣鄙，陽氣仁。曰性善者，是見其陽也；謂性惡者，是見其陰者也。』」這種以陰陽對比善惡，顯然亦受了當時陰陽家學說的影響。其主要在强調人性善惡並具，而如何使人性轉不善爲善，那就有待敎化的力量了。

四、論人性兼有善惡的用意

古代學者，提出人性問題，主要在以「人性」比「天心」，而探討人心的本來面目，好作爲施政敎化的參考。如孟子主張性善，曰「人皆可以爲堯舜」，認爲凡人只要擴充善端，便可以成爲聖賢，乃在鼓吹他王道德化的政治色彩。而荀子主性惡，曰「必待師法，然後正。」認爲人人皆有待聖人的培育薰陶，才能成善行，其主要的目的則在强調他後天敎化的重要。而董仲舒論人性，也帶有很濃厚的政治色彩。他以爲人之所以行善，則有待國君陶治而後成。他在天人三策中說：

「是故王者上謹於承天意，以順命也；下務明教化民，以成性也；正法度之宜，別上下之序，以防欲也；脩此三者，而大本舉矣！」

可知教化的原則，乃在於法天。深察名號篇也說：

「人之所繼天，而成於外。」又云：

「天生民，性有善質，而未能善，於是爲之立王以善之，此天意也。民受未能善之性於天，而退受成性之教於王。王承天意以成民之性，爲任者也。」

此段在說明擔任教化，使民向善的責任，是落在統治者——國君的身上。而國君導民從善。又是承天之意。可見董仲舒的人性思想，也是歸本於「天人感應」的體系中，而這種欲勉國君秉受天命，行王道，興禮樂，以成民德的性二品論，主要還是想藉此來實現他政治上的理想。

柒、申明春秋義法

孔子據魯史作春秋，探本天元，範圍萬世，寓褒貶、別善惡、定名分。史記司馬遷說：「春秋之義行，則亂臣賊子懼。」可見孔子作春秋是別有深意，它可以說是記述孔子政治哲學的一部儒家重要的經典。而春秋三傳中，今文公羊傳主要是在闡揚孔子的微言大義，而董仲舒之學，卽出自公羊春秋，其研究公羊學乃大事發揮了春秋義法，並且還應用於實際政治上，董仲舒在其天人三策首策開頭便說：「臣謹案春秋之中，視前世以行之事，以觀天人相與之際，甚可畏也。」

漢書藝文志錄有公羊董仲舒治獄十六篇，隋志錄有董仲舒春秋決事十卷，但是這二書今皆亡佚。因此，現在如要研究董仲舒對春秋「推見至隱」的思想，主要是在春秋繁露一書中。其重要的有下列數端：

一、孔子作春秋，是受命托魯作新王之事

春秋作於衰世，孔子欲爲天下「制義法」，期能「撥亂而反諸正」。當然可以代表孔子的政治主張。司馬遷在其史記自序中，說他曾聞董生言，春秋二百四十二年，主要在：貶天子，退諸侯，討大夫，以達王事而已矣！繁露三代改制質文云：

「天子命無常，唯命是德慶。故春秋應天作新王之事。」

孟子滕文公篇也說：「世衰道微，邪說暴行有作。臣弑其君者有之，子弑其父者有之。孔子懼，作春秋，春秋天子之事也。」後世今文學家尊稱孔子爲素王，卽依此而說。而所謂素王，是指有王者之道而無王者之位者。孔子以爲見之空言，不如行事之深切明著。所以他本著魯國史記，而加諸王心，並假其號位，以正人倫。也因其成敗，而明其順逆。

二、孔子作春秋之旨

董氏說孔子作春秋的要旨有十項，繁露十指篇云：「春秋二百四十二年之文，天下之大，事變之博，無不有也。雖然，大略之要有十指。」十指之說如下：

一指：事之所繫也，王化之所由得流也。舉事變見有重焉。

二指：見事變之所至者。

三指：因其所以至者而治之。

四指：强幹弱枝，大本小末。

五指：別嫌疑，異同類。

六指：論賢才之義，別所長之能。

七指：親近來遠，同民所欲。

八指：承周文而反之質。

九指：木生火，火爲夏，天之端。

十指：切刺譏之所罰，考變異之所加，天之端。

以上董氏說明了孔子作春秋的十項指歸，是在「安百姓」、「審得失」、「正事之本」、「明君臣之分」、「著是非」、「序百官」、「立化所務」、「達仁恩」、「次陰陽四時」、「行天之欲爲」。⑩這些含義皆相當隱微，而公羊學家之旨卽在闡揚此春秋之微言大義。

三、愼　始

愼始也就是貴元的意思，繁露玉英篇云：「謂一元者，大始也。」王道之化，在於正其始，春秋立義則在於正本，孔子說：「君子務本，本立而道生。」可見全書所載魯國十二公皆起於元年春，卽爲此意。董氏對於「元始」之義也特別加以闡發。繁露王道篇說：

「春秋何貴乎元？而言之元者，始也。言本正也。」重政篇又說：「是以春秋變一謂之元，元猶原也，其義以隨天地終始也。」

元爲天地萬物之根源，根深而葉茂，所以春秋大義，特別在貴元重始。而有所謂五始者，繁露二端篇云：

「是故春秋之道，以元之深，正天之端；以天之端，正王之政；以王之政，正諸侯之卽位；以諸侯之卽位，正竟內之治；五者俱正，而化大行。」

此乃董氏在釋春秋先言元春王而後言正月之意，何休公羊解詁云：「王者不承天以制號令則無法，故先言春而後言王。天不深正其元，則不能成其化，故先言元，而後言春。五者同日並見，相須成體。乃天人之大本，萬物之所繫，不可不察也。」所以「元之深」、「天之端」、「王之政」、「諸侯之卽位」、「竟內之治」等五始皆正了以後，則四海歸一，天下大治。而正莫大於貴始，若爲政不率先正始者，則爲春秋所譏。董仲舒之更化易俗的主張，正與春秋愼始之意相合。

四、張三世

「三世、「三統」都屬於歷史哲學。三統說已見於前。而所謂「三世」，卽將春秋二百四十二年，分爲十二世，別爲三等；有「見」、有「聞」、有「傳聞」。哀、定、昭三公，是君子所見之世；襄、成、宣、文四公，是君子所聞之世；僖、閔、莊、桓、隱五公，是君子所傳聞之世。⑪　繁露楚莊王篇云：

「於所見，微其辭；於所聞，痛其禍；於傳聞，殺其恩。與情俱也。」

這是董氏對「三世」的批評立場，他本著儒家親疏遠近的大義，朝代近者，只有「微其辭」，但對於朝代愈遠者，則批評的態度越爲嚴苛。這或許是後來公羊家「據亂世」、「升平世」、「太平世」「三世」理想進化社會之說的肇端。

五、定名分

定名分者，卽因禮義而正名。孔子很看重名分，孔子曾說：「必也正名乎！」又說：「名不正，則言不順，言不順，則事不成。」所以「正名」爲萬事之始，莊子天下篇說孔子作春秋在於「道名分」，董氏對於名分也十分重視，繁露深察名號篇說：

「春秋辨物之理，以正其名，名物如其眞，不失秋毫之末。」又云：

「治天下之端，在審辨大。辨大之端，在深察名號。名者，大理之首章也。錄其首章之意，以窺其中之事，則是非可知，逆順自著，其幾通於天地矣。是非之正，取之逆順。逆順之正，取之名號。名號之正，取之天地。天地爲名號之大義也。古之聖人，謞而效天地，謂之號，鳴而施命，謂之名。名之爲言，鳴與命也。號之爲言，謞而效也。謞而效天地者爲號，鳴而命者爲名。名號異聲而同本，皆鳴號而達天意者也。天不言，使人發其意；弗爲，使人行其中；名則聖人所發天意，不可不深觀也。」

董氏把春秋的正名問題，也歸入「天人哲學」的系統中。簡單說仲舒是本天意談正名。孔子早已提出正名原則，而由董氏加以發揮。繁露精華篇云：「春秋愼辭，謹於名倫等物者也。

」「名倫等物」即分別人倫名物之差等，如親疏、重輕、尊卑、文質、貴賤、大小、內外、遠近……等，其名分皆以禮義爲準，不踰越，使名實相符，這也是治國之大端。

六、寓褒貶，別善惡

春秋爲一亂世，有的君不君，有的臣不臣，孔子藉春秋一書加以非刺贊美，所以春秋序說：「推其變例，以正褒貶。」褒者以賞善，貶者以罰惡。繁露王道篇云：「孔子明得失，差貴賤，反王道之本，譏天王以致太平，刺惡譏微，不遺小大，善無細而不舉，惡無細而不去，進善誅惡，絕諸本而已矣。」所以漢書司馬遷傳說：「春秋采善貶惡，推三代之德，褒周室非獨刺譏而已也。」

七、嚴夷夏之防

協合諸邦，攘除夷狄，也是孔子作春秋的大義所在，詩經魯頌閟宮云：「戎狄是膺，荊舒是懲。」旨在打擊夷狄，維護我民族之强大。而禮義教化，文明程度的高低，便是「夷夏分野」的標準。孔子生於亂世，對於民族自保，當然看得非常重大，如管仲倡導「尊王攘夷」，以擁護周天子。又「九合諸侯，一匡天下」，孔子說：「微管仲吾今披髮左衽矣！」

所以孔子卽特別許之以仁，這也是儒家由親而疏，由近而遠一貫的仁愛精神。但春秋惟以德爲親，若諸侯有夷狄之行的，則以夷狄視之，如晉伐鮮虞之事便是；反之，夷狄進於中國，則中國之，像吳伯莒黃池之行便是。繁露觀德篇云：

「是故吳魯同姓也，鍾離之會，不得序而稱君，殊魯而會之，爲其夷狄之行也。雞父之戰，吳不得與中國爲禮，至於伯莒黃池之行，變而反道，乃爵而不殊。召陵之會，魯君在是，而不得爲主，避齊桓也，魯桓卽位十三年，齊宋衞燕舉師而東，紀鄭與魯勠力而報之，後其日，以魯不得徧，避紀侯與鄭厲公也。春秋常辭，夷狄不得與中國爲禮，至邲之戰，夷狄反道，中國不得與夷狄爲禮，避楚莊也。邢、衞、魯之同姓也，狄人滅之，春秋爲諱，避齊桓也。」楚莊王篇也說：

「春秋曰：晉伐鮮虞。奚惡乎晉，而同夷狄也。曰：春秋尊禮而重信。」

春秋雖然嚴夷夏之防，明「華夏之辨」，但又具有「天下一家」寬大能容的民族胸懷，如「夷狄有過，春秋不譏。」董仲舒雖然也重視夷夏的分野，但他在繁露仁義法說：「王者愛及四夷」，卽能拋開狹義的民族觀念，而以道德文明作爲衡量的標準，夷狄若能明禮義、通人倫，亦可進爲華夏，反之雖華夏亦退爲夷狄，這便是春秋華夏之辨精神的發揮，充分表現出我們民族具有一股偉大的融合力量，這股力量將促成儒家「世界大同」理想的實現。

八、尊禮重信

太史公引董生話說：「春秋者，禮義之大宗也。」而禮是人與人間行爲的規範，所以聖人制禮以節人之行；至於義是指行爲正大，行爲正大也是信的表現，它是立身處世之根本。因此春秋一書，凡合禮、守信者，則美之、贊之；若非禮、背信者，則譏之、惡之。如魯、齊於柯之盟，齊桓雖然失其地，但能以信守顯示天下，所以孔子稱賢。宋有火災，伯姬疑於禮而不下堂，終於死於火災，春秋也特別加以贊美，乃因他們能重信尊禮的緣故。繁露精華篇云：

「齊桓挾賢相之能，用大國之資，即位五年，不能致一諸侯，於柯之盟，見其大信，一年，而近國之君畢至，鄄幽之會是也。」

又繁露楚莊王篇云：

「春秋尊禮而重信，信重於地，禮尊於身。何以知其然也？宋伯姬疑禮而死於火，齊桓公疑信而虧其地，春秋賢而舉之，以爲天下法。」

但如有違禮之行，春秋則譏刺之，以矯其失。文公以「喪取」便是，但託意微眇，繁露玉杯篇云：

「春秋譏文公以喪取，……春秋之論事，莫重於志。今取必納幣，納幣之月在喪分，故謂之喪取也。且文公以秋祫祭，以多納幣，皆失於太蚤，春秋不譏其前，而顧譏其後，必以三年之喪，肌膚之情也，雖從俗而不能終，猶宜未平於心，今全無悼遠之志，反思念取事，是春秋之所甚疾也。」

又春秋大義特別強調「貴信賤詐」，所以凡有背信之事，春秋亦惡之，如鄭伐許便是。繁露竹林篇云：

「春秋曰：鄭伐許，奚惡於鄭而夷狄之也。曰：衞侯遬卒，鄭師侵之，是伐喪也。鄭與諸侯盟於蜀，以盟而歸，諸侯於是伐許，是叛盟也。伐喪無義，叛盟無信。無信無義，故大惡之。」

由此可知，聖人制禮在於防亂，貴信在於立本，一切欲反諸王道。

九、別嫌疑，明是非

春秋論事，事同則辭同，但如有事同而辭異者，孔子必另有深義。因此，必須別嫌疑、異同類，以明其是非。

董氏在繁露度制篇認為：百亂的根源，皆出於「嫌疑纖微」，若不早加以防範，將會日漸[illegible]大，而造成大亂。所以聖人必須「章其疑」，「別其微」，「絕其纖」，以釋嫌疑。因此，常於「衆人之所善見其惡焉，於衆人之所忽見其美焉。」如宣公十一年，楚莊王殺陳夏徵舒，是以賢君討重罪，因嫌於得褒，所以春秋貶其文；又昭公四年，楚靈王殺齊慶封，因靈王是懷惡而討，與慶封同罪，人所易知，所以直稱爲楚子。⑫又宣公二年，晉靈公被趙穿所殺，當時趙盾不在朝，但春秋却直呼「晉趙盾弒其君夷臯」，董氏在繁露玉杯篇，指靈公被殺時，趙盾雖不在，但嫌其無盡臣責，所以因其所賢，而加之大惡，主要在繫其以重責，像這種「惡薄」而責之重，主要在矯枉而直之，以彰明一般人之疑惑，而定其是非。

十、大一統之義

春秋隱公「元年春，王正月」，公羊傳曰：「何言乎王正月，大一統也。」何休云：「統者始也，揔繫之辭。天王者始受命改制，布政施教於天下，自公侯至於庶人；自山川至於草木昆蟲，莫不一一繫於正月，故云政教之始。」而後人言大一統，咸指萬民歸心，國家統一而說。其實春秋大一統是含有多項的意思，「國家統一」，只不過是其中之一義而已。

㈠元始

此卽前面所指的愼始，王者稟天之命，布政施教，正身審己，作天下之表率，這是大一統之初意。董仲舒天人策云：

「一者，物之所從始；元者，辭之所謂大也。謂一爲元者，視大始而欲正本也。」繁露玉英篇也說：

「元爲萬物之本，而人之元在焉安在乎？乃在乎天地之前。」所以「大一統」者，有重視「元始」之意，而董氏以「元」爲萬物之本、王道之開端。

(二)合自然常理

董仲舒天人策云：「春秋大一統者，天地之常經，古今之通義。」所謂「天地之常經」即自然之常道，是屬於空間的，爲「大一統」的形上原理。春秋以天地之元，作爲宇宙之根本原理，又爲萬物之統紀，元的開展卽爲宇宙的演化，由天道而人事，由樸質而文明。元卽是一切政教制度的發端，也是政治社會的終極目標，期使天下歸仁，而爲德化宇宙觀的統一原理，是謂之「天地之常經」。又「古今之通義」則屬時間永恒的常理，它是「大一統」之說歷史哲學的基礎。朝代的更替，文明的推展，政治權利的轉移，其歷史演變的過程，春秋公羊家以爲悉依三個系統而進行，已詳於前節三統說中。自古迄今，歷代帝王皆可以納入這三個統系之內。而且三統各有其禮樂制度，各有其特殊的精神習尚。如此周流循環，表現歷史超越的通性，此卽所謂「古今之通義」。⑬所以劉邦「斷蛇著符」，居火德，班固稱其得天之統。但五德、三統都是後世陰陽家和公羊家之說，在孔子時該說尚未成立，因此春秋大一統，或又指天下復歸於自然之常理之謂。這卽五德說和三統說的理論基礎。

㈢居正位

論語云：「爲政以德，譬如北辰，居所而衆星拱之。」居衆星所拱之位卽爲正位，哀公十四年公羊傳云：「撥亂世，反諸正，莫近乎春秋」，所以居正位者，則天下歸心，乃得天之統序，歲歷也復歸於正，繁露滅國上云：

「王者，民之所往，君者不失其群者也。故能使萬民往之，而得天下之群者，無敵於天下。」

堯舜不擅移湯武不專殺篇又云：

「天之生民非爲王也，而天立王以爲民也，故其德足以安樂民者，天予之；其惡足以賊害民者，天奪之。」

故有德而居正位，天與人歸，天下大一統矣！

㈣統一思想

是說欲統一政治，先要統一思想，這也是春秋大一統之要旨。容於本章九節再詳爲論述。

後人發明孔子春秋義例者甚多，其中以康有爲之春秋董氏學及本師賴炎元先生之董仲舒之學術思想，條分最密，敍述最詳。而本章所述各節，亦皆與春秋大義有密切關係，本節只就其要者，列舉上述十端，略加評介，首爲素王立制，終歸大一統，由此或可看出董氏述春秋大義之一番心意。

捌、仁義五常的倫理道德觀

人類社會是一種群聚的關係，爲了維持這一大群體的和諧安定，在沒有法律之前，或是有了法律以後，人人必須遵守一些道德規範，所謂道德規範，也就是一般人所說的倫常。中國傳統的儒家學說，不好高騖遠，要人面對現實，所以特別重視倫理，孔子主張仁愛，要人人相親；孟子倡導正義，必要時還要人捨生取義，而仁義是倫常的根本，因此仁、義便成了儒家學說的重心，也成爲漢以後歷代國君治國理民的準則。董仲舒春秋繁露竹林篇說：

「天之爲人性，命使行仁義而羞可恥，非若鳥獸然，苟爲生苟爲利而已。」仁義法又說：

「以仁安人，以義正我。」

董氏這種重視仁義五常的見地，乃出自儒家的正統思想，是從他的天人哲學、人性論所發展出來的倫理道德觀。

一、釋仁義

仁與義，有人指爲個人道德，其實也是明君聖王治國不可或缺的。董仲舒在仁義法篇云：

「春秋之所治，人與我也。所以治人與我者，仁與義也。以仁安人，以義正我。故仁之爲言人也，義之爲言我也。」

而董氏這種的仁義思想雖是導源於孔孟，但稍滯於字義，他認爲「仁」是一種愛人之名，不在愛我。孔子說：「仁者，愛人。」孟子也說：「惻隱之心，仁之端也。」惻隱之心，就是一種愛心。這愛人之心的仁德，也就是前節所論人性質樸善端而付之於實際的行動。春秋繁露必仁且智篇說：

「何謂仁？仁者，憯怛愛人，謹翕不爭，好惡敦倫，無傷惡之心，無隱忌之志，無嫉妬之氣，無感愁之欲，無險詖之事，無辟違之行。故其心舒，其志平，其氣和，其欲節，其事易，其行道，故能平易和理而無爭也。如此者，謂之仁。」

他以心、志、氣、欲、事、行六者來闡發仁道，而以此爲衆德之首。清蘇輿春秋繁露義證指出：董仲舒說仁字義最博，後儒所釋，不能外此。

至於義字是孟子所特別强調的，孟子說：「羞惡之心，義之端也。」所謂羞惡之心，就是行己有恥，仰不愧天，俯不怍人，所以孟子又說：「義、人之正路也。」（離婁篇）董仲舒本此，以爲治心、治身合宜便叫義。（見春秋繁露義證篇）就字形結構而言，義是从我聲，所以他說：「義之法在正我，不在正人。」（仁義法）因此義的要求，在於存心端正，行爲正當。春秋繁露仁義法又云：

「義者謂宜在我者，宜在我者而後可以稱義，故言義者，合我與宜以爲一言，以此操之，義之爲言我也。」

後人言義，常偏於行爲表現，謂行事合宜謂之義。到了宋朱熹注孟子曰：「義者，心之制事之宜。」便重在本心和行事二方面，其實治心得宜，而後制事可正，董仲舒詮義，便是就其源本而說。

論語云：「君子喻於義，小人喻於利。」君子與小人的分野，就在義與利。所以孟子論義，特別重視義利之辨。孟子說：「苟後義而先利，不奪不厭。」因爲人類利欲之心，是爭奪弒殺的根源，所以孟子要人重義而輕利。更進一步說，義是一種大利，董仲舒在義、利的分辨上，也大事發揮，他說：

「天之生人也，使人生義與利，利以養其體，義以養其心；心不得義，不能樂；體不得利，不能安。義者，心之養也；利者，體之養也。體莫貴於心，故養莫重於義，義之養生人，大於利矣。」（春秋繁露身之養重於義篇）

董仲舒以「利」爲養體之具，是不可忽視；但義可以養心，而體以心爲最貴，所以心比體重要，當然義應重於利。因此，他認爲一位有仁德之人，應該「正其誼不謀其利，明其道不計其功。」⑭此句一出，成爲千古名言，也是義利之辨最高度的發揮。朱熹作白鹿洞書院學規，卽引爲學子們處事的要則。

孔子、孟子、董仲舒都主張重義而輕利，但並不反對求利，而是要人行義以求其大利。左傳襄公九年云：「利、義之和也。」大學也說：「孟獻子曰：『畜馬乘，不察於雞豚；伐冰之家，不畜牛羊；百乘之家，不畜聚斂之臣；與其有聚斂之臣，寧有盜臣。』此謂國不以利爲利，以義爲利也。長國家而務財用者，必自小人矣；彼爲善之，小人之使爲國家，菑害並至，雖有善者，亦無如之何矣。此謂國不以利爲利，以義爲利也。」所以合乎仁之利，卽爲義。只要行爲合宜，利自在其中。所以他們所輕視、貶抑的，乃是違反仁的私利。

二、倡仁義說的目的

孔、孟倡仁義的德化政治，是要人從「仁心」到「仁政」，由行「義」而得其「大利」。董仲舒之仁義說，卽勉人要以「仁」待人，以「義」求己。進而希望國君能以「仁義」來做爲治國的大則。春秋繁露仁義法說：「春秋之所治，人與我也；所以治人與我者，仁與義也。」所以聖王欲治天下，應以仁義爲天下倡。天人策云：

「武王行大義，平殘賊，周公作禮樂以文之，至於成康之隆，囹圄空虛四十餘年，此亦教化之漸而仁義之流，非獨傷肌膚之效也。」天人策又云：

「孔子曰：『天地之性人爲貴。』明於天性，知自貴於物；知自貴於物，然後知仁誼；知仁誼，然後重禮節；重禮節，然後安處善；安處善，然後樂循理；樂循理，然後謂之君子。」

由策文可知，董仲舒的仁義說是具有深義的，他認爲要做一位重禮節、安處善、樂循理的君子，必須以仁義爲本。因此，像春秋那些不能正己而後正人的國君，如晉靈公、楚靈王、齊桓公、吳王闔閭等，董仲舒皆加以貶斥。⑮這種以仁義來治民的學說，正是儒家治國的最高理想。

三、釋五常

董氏在倫理道德除講仁義外，也特別强調智的重要。孟子說：「是非之心，智也。」所以智是一種辨別是非的能力，仁是一種愛心，屬於感情，智是人的根器，屬於理性。感情理性須相互配合，行爲才不致有偏差。所以行仁也須別之以智，才能臻於完善。春秋繁露必仁且智篇說：

「仁而不智，則愛而不別也。智而不仁，則知而不爲也。故仁者所以愛人類也，智者所以除其害也。」

能以智除害，也是愛人的行爲，所以智者也是行仁所必須的一德。中庸以智、仁、勇爲三達德，而董氏以仁、義、智三德再加上禮、信爲五常，而王者必須修此五常，才能得天之福佑。天人策說：

「夫仁、義、禮、智、信五常之道，王者所當修飭也；五者修飭，故受天之佑，而享鬼神之靈，德施于方外，延及群生也。」

五常之說，最早卽見於此。雖然在莊子天運篇也提到「五常」名稱，但莊子所謂的五常，是指五行而言，與董仲舒之說相異。後來周敦頤、李二曲又稱之爲五德。⑯白虎通義性情篇又稱之爲五性。⑰以此五者，爲天地間之常道，董氏倡此說，欲王者能效法天常，以修身治國。

四、釋五紀

尚書洪範篇，有所謂洪範九疇。其中第四曰「協用五紀」，而何謂五紀？尚書云：「一曰歲，二曰月，三曰日，四曰星辰，五曰歷數。」此紀當作記講，卽記五種天象時令。董仲舒春秋繁露深察名號篇也有所謂五紀之說，但董氏不言何謂五紀。因董氏拿它與三綱相配，又由前後文義來看，好像不是指尚書的五紀而言。白虎通義倒有所謂六紀之說，謂「諸父、兄弟、族人、諸舅、師長、朋友也。」因此，不知此「五紀」是否爲「五常」，或「六紀」之誤。蘇輿義證引緯書含文嘉云：「敬諸父兄，諸父有善，諸舅有義，族人有序，昆弟有親，師長有尊，朋友有舊。何謂綱紀？綱者，張也；紀者，理也。大者爲綱，小者爲紀，所以張理上下，整齊人道也。人皆懷五常之性，有親愛之心，是以綱紀爲化，若羅網之有紀綱，而萬目張也。」因此，五紀之「五」如果眞的無誤，那麼我們大概可以推測，五紀的內容可能也是屬於倫常敎化的德目。

五、釋三綱

爲了維持人類社會的倫理，董氏也提出三綱之說，所謂三綱，他說：

「天爲君而覆露之，地爲臣而持載之，陽爲夫而生之，陰爲婦而助之，春爲父而生之，夏爲子而養之……。王道之三綱，可求於天。」（繁露基義）

董仲舒在文中並沒確實指出三綱爲何者，但隱約中可以看出是指君臣、父子、夫婦而說，它乃配合天地陰陽而生。基義篇又說：「君臣、父子、夫婦之義，皆取諸陰陽之道。」卽君、父、夫爲陽，臣、子、婦爲陰，陰陽爲天地間的二大動力，孤陰孤陽皆不能生長萬物，唯有陰陽和諧，萬物方得萌生。所以董氏的三綱之說，已深受陰陽哲學的影響，而建立了形上的根據。

白虎通義號篇說：「古之時未有三綱。」而在綱紀篇又說：「三綱者何？謂君臣、父子、夫婦也。……君爲臣綱，父爲子綱，夫爲妻綱。」因此，後人都認爲三綱之說是始於白虎通義。其實三綱的名稱在禮緯含文嘉，業已具體提出。又呂氏春秋恃君覽云：「父雖無道，子敢不事父乎？君雖不惠，臣敢不事君乎？」已有二綱之意。韓非子忠孝篇也說：「臣事君，子事父，妻事夫，三者順則天下治，三者逆則天下亂。」都已具備三綱之說的意念。但正式提出三綱之名的，應是董仲舒。明乎此，禮緯含文嘉的三綱說法，其淵源我們似乎可得其脈絡。

三綱是根據天地陰陽，上下尊卑次序，所訂定出的倫理關係，建立中華文化尊長敬上的意識型態，卽臣聽於君，子聽父，婦聽夫。這觀念雖被緯書所據有，但以後的儒家學者，也特別重視此三綱倫常，它對中國傳統社會及古代專制政治的維繫，有了積極的效用。但過分之强調，亦不免產生流弊，如以後禮教對婦女不合理的束縛，可能卽受「婦以夫爲綱」的影響。

玖、合天道的儒家理想之治

國家是由一群人組合而成，政治則是國家的權力活動，它的對象是人，而人是自然的一分子，天即自然。董仲舒的政治理想，便是根源於他的天人及陰陽哲學，而歸結於儒家的人本政治，而提出一些爲政原則大計和實際政治措施，主要見於漢書本傳的天人三策及春秋繁露一書中，今歸納其思想要點，主要有下列諸端：

一、效法天道，考之古今

董生主張「迹之古，返之天」，「古」、「天」是儒家理想所寄託者，他在繁露楚莊王篇云：「春秋之道，奉天而法古。」董仲舒認爲天人相副，乃自然之道，而「天」與「古」又是一而二，二而一的東西，所以國君應效法天道，考之古今，以治百姓。如上天以陽生萬物，國君則應效法其仁心，以臨天下。天人策說：

「天道之大者在陰陽。陽爲德，陰爲刑；刑主殺，而德主生。是故陽常居大夏，而以生育養長爲事；陰常居大多，而積於空虛不用之處。以此見天之任德不任刑也。」

繁露陽尊陰卑篇也有類似的說法。深察名號篇說：「受命之君，天意之所予，故號天子」，這卽後世所謂的「君權神授」，君權既然由上天所授，那麼以「天道」、「天理」作爲行事的最高準繩，也就是極自然的事。因此春生、夏長、秋收、多藏等自然現象，人君也應效之以愛、以養、以罰。天人策說：

「春者天之所以生也，仁者君之所以愛也；夏者天之所以長也，德者君之所以養也；霜者天之所以殺也，刑著君之所以罰也。繇此言之，天人之徵，古今之道也。」

能順天而治，自然上下和睦，天下太平。而一些「古是」「今非」的現象，乃是由於「違天」又未能「稽古」的緣故。天人策又說：

「夫古之天下亦今之天下，今之天下亦古之天下，共是天下古以大治，上下和睦，習俗美盛，不令而行，不禁而止，吏亡姦邪，民亡盜賊，囹圄空虛，德潤草木，澤被四海，鳳凰來集，麒麟來游。以古準今，壹何不相逮之遠也！安所繆戾而陵夷若是？意者有所失於古之道與？有所詭於天之理與？試迹之古，返之於天，黨可得見乎。」

天道、歷史是人類行爲最好的借鏡。興衰、得失，都能從中得到一些的啓行。天人策又云：

「殷紂逆天暴物，殺戮賢知，殘賊百姓。伯夷、太公，皆當世賢者，隱處而爲臣。守職之人，皆奔走逃亡，入于河海。天下秏亂，萬民不安，故天下去殷而從周。文王順天理物，師用聖賢，是以閎夭、大顚、散宜生等亦聚於朝廷。愛施兆民，天下歸之。」

因此，能「迹之於古，返之於天」，是董仲舒政治思想的基本原則。「迹古」卽孔門所稱堯舜禹湯文武等古代先聖先王，是仁政的最高典範。「法天」卽以「天爲萬物之祖」，它能生養萬物，所以人之行事不能違反天意。朝政的各項措施，只要合乎這二大原則，便可與時興革。因此，下面他所提出的許多治國要術，卽本乎「天道」及「稽古」的精神。

二、災異符命，警勉人君

董仲舒藉災異符命，作爲國家興衰的徵兆，國君當借此以警勉自己。天人策云：「國家將有失道之敗，而天乃先出災害以譴告之。」可知天降災異，是在儆告人君的失德，和政治的不當。因此，在上位者，一旦淫佚，或有「失德政」、「任刑罰」之事，邪氣和災異便會隨之而生。所以國君一見災異出現，應引以爲惕，卽時勤政修德，以感天心，使災異化爲烏有，進而方能轉禍爲福，不然國家將趨滅亡。災異之反面便是符命，指有德者，將受天命而爲王，而此並非人力所能自至。這「受命之符」卽是一種吉祥的瑞應，旨在勉勵國君施仁政。董氏或欲以此來約束人主。已詳於本章四節，故於此不再贅述。

三、禮樂教化，篤厚民俗

教化百姓，移風易俗，是董仲舒在政治上極重要的主張。天人策云：

「夫萬民之從利也，如水之走下，不以教化隄防之，不能止也。是故教化立而姦邪皆止者，其隄防完也；教化廢而姦邪並出，刑罰不能勝者，其隄防壞也。古之王者明於此，是故南面而治天下，莫不以教化為大務。……故其刑罪甚輕而禁不犯者，教化行而習俗美也。」

推行教化的目的，在反民性於質樸仁厚，以成美俗。因此在繁露立元神篇提出了許多教化民俗的具體意見。他說：

「舉顯孝悌，表異孝行，所以奉天本也。秉耒躬耕，採桑親蠶，墾草殖穀，開闢以足衣食，所以奉地本也。立辟雍庠序，修孝悌敬讓，明以教化，感以禮樂，所以奉人本也。三者皆奉，則民如子弟，不敢自專，邦如父母，不待恩而愛，不須嚴而使，雖野居露宿，厚於宮室。如是者，其君安枕而臥，莫之助而自強，莫之綏而自安，是謂自然之賞。自然之賞至，雖退讓委國而去，百姓襁負其子，隨而君之，君亦不得離也。」

董氏以倡導倫理，作為建設社會的根本要目。另外他看秦俗的敗壞在於「師申商之法，行韓非之說，憎帝王之道，以貪狼為俗，非有文德以教訓於天下也。」結果「百官皆飾空言虛辭而不顧實，外有事君之禮，內有背上之心。造偽飾詐，趣利無耻。」又用一些「憯酷之吏，賦斂亡度」，使「百姓散亡，不得從耕織之業。」苟欲匡正這種弊壞的秦俗，董仲舒認為只有推廣仁恩禮樂一途。⑱

四、任賢舉才，興學為務

人才爲國家的主幹，欲使國家强盛，必須讓賢者在位。但人才並非天生，而是有賴後天培養。

董氏極力主張「治國者，務盡卑謙以致賢能。」（繁露通國身）並以史實說明國君能否任用賢才，與國家的治亂興亡，有密不可分的關係。他認爲堯舜文王等仁君在位時，賢者皆相輔佐，而致天下太平。反觀殷紂，大行不道，朝廷又無賢臣，終致喪亂，可見賢才不得，則國不可得治。他說：「徧得天下之賢人，則三王之盛易爲，而堯舜之名可及也。」（天人策）但求賢才，並非隨時可得，必須靠平時培養，因此董仲舒建議武帝要「興太學，置明師，以養天下之士，數考問以盡其才，則英俊宜可得矣。」（天人策）

董仲舒也具體提出舉賢才的方法，要諸侯、郡守、二千石以上的官吏，歲貢二人，並由朝廷授以宿衛的官職，以儲備人才。而致賢才的原則是：「毋以日月爲功，實試賢能爲上。量材而授官，錄德而定位。」（天人策）並由所推舉人員之表現，來做爲考察推舉人之依據，他說：「所貢賢者有賞，所貢不肖者有罰。」（天人策）若此，則不怕所舉非賢才。這種由下向上推舉賢才之道，可使野無遺才，又上位者在取捨之間不受任何拘束，也容易客觀，又可避免任用私人。此法，頗值得吾人稱道。

五、貴本愼始，誠臨天下

國君治國之要，在於正己、貴本、愼始，並廣采見聞，以篤誠化天下。董仲舒引用「春秋深探其本，而反自貴者始」之意，以勉國君要貴本愼始，正己而後正諸四方，天人策云：「春秋謂一元之意，一者萬物之所從始也，元者辭之所謂大也。謂一爲元者，視大始而欲正本也。春秋深探其本，而反自貴者始。故爲人君者，正心以正朝廷，正朝廷以正百官，正百官以正萬民，正萬民以正四方。四方正，遠近莫敢不壹於正，而亡有邪氣奸其間者。」董氏又進諫武帝，須廣納臣議，並誠心去做，則三代聖王之治可期。天人策又云：「今陛下幷有天下，海內莫不率服，廣覽兼聽，極群下之知，盡天下之美，至德昭然，施於方外。夜郎、康居，殊方萬里，說德歸誼，此太平之致也。然而功不加於百姓者，殆王心未加焉。曾子曰：『尊其所聞，則高明矣；行其所知，則光大矣。高明光大，不在於它，在乎加之意而已。』願陛下因用所聞，設誠於內而致行之，則三王何異哉！」

六、省減刑罰，廣施仁德

秦始皇以李斯爲相，大變先王之道，行法家之政，棄仁恩，廢德教而專任刑罰，大壞民俗。因此，秦始皇一死，國家大勢一變卽不可收拾。董仲舒有鑑於此，力圖矯正秦政的闕失，欲歸本於儒家的德化政治。他基於「天之任德而不任刑」的天道觀念，認爲「刑者不可任以治世，猶陰之不可任以成歲也。」（天人策）所以他主張治國應重仁義，省刑罰，施禮樂。

天人策說：

「古者修教訓之官，務以德善化民，民已大化之後，天下常亡一人之獄矣！今世廢而不脩，亡以化民，民以故棄行誼而死財利，是以犯法而罪多，一歲之獄，以萬千數……故孔子曰：天地之性，人爲貴。明於天性，知自貴於物；知自貴於物，然後知仁義；知仁義，然後重禮節；重禮節，然後安處善；安處善，然後樂循理；樂循理，然後謂之君子。」天地之間以人爲貴，因此要能「知仁義、重禮節、安處善、樂循理」，然後才得稱之爲君子。所以聖王治理天下，如果要省去刑罰，必須以仁義禮樂爲重。天人策云：「道者，所繇適於治之路也，仁義禮樂皆其具也。」並勸武帝，欲永保上天之祿，更須脩五常之教。

董仲舒雖然鼓吹「仁德」，極力反對「任刑」，而所謂「任刑」，是指濫用刑罰，而不知有所節制。如是合理的刑罰，董氏並不排斥。繁露四時之副篇云：

「慶賞罰刑之不可不具也，如春夏秋冬不可不備也。」又云：「慶賞罰刑，異事而同功，皆王者之所以成德也。」

「慶賞」在於鼓勵行善，「刑罰」則在節制情慾，也就是常人所謂的「恩」「威」二柄，二者都有助於善良風俗的培養，及禮樂教化的推展。繁露保位權云：

「故聖人之治國也，……務致民令有所好，有所好然後可得而勸也，故設賞以勸之，有所好必有所惡，有所惡然後可得而畏也，故設罰以畏之。既有所勸，又有所畏，然後可得而制，制之者，制其所好。」又云：「故聖人之制民，使之有欲，不得過節，使之敦朴，不得無欲。無欲有欲，各得以足，而君道得矣！」

董氏賞罰並用的主張，卽是陽儒陰法精神的實現。繁露天辨在人篇强調：「刑者德之輔」，這與其政治理想並不相矛盾，只要「循名責實」，「賞罰分明」，應用得體，刑罰當可以補敎化的不足，使民知所去就，以成人性之善，自然無反對之理。關於這一點，文帝時候的賈誼，也有相似的看法。

七、權變制宜，改弦更張

董仲舒以亡秦爲戒，勸武帝爲政之要，必須權變制宜，改弦更張。變革秦代遺制，使新朝代有新作風。他說：

「今漢繼秦之後，如朽木糞牆矣，雖欲善治之，無可奈何。法出而姦邪生，令下而詐起，如以湯止沸，抱薪救火，愈甚無益也。竊譬之琴瑟不調，甚者必解而更張之，乃可鼓也；爲政而不行，甚者必變而更化之，乃可理也。當更張而不更張，雖有良工不能善調也；當更化而不更化，雖有大賢不能善治也。故漢得天下以來，常欲善治而至今不可善治者，失之於當更化而不更化也。」（天人策）

繁露三代改制質文也說：

「王者必受命而後王，王者必改正朔，易服色，制禮樂，一統於天下。所以明易姓，非繼人，通以己受之於天也。」

在五德終始與三統說的制度下，改弦更張卽是必然的趨勢。董氏以爲天不變，地不變，繼治世則其道同，繼亂世則其道變，所以治國不能墨守成規，應知權變之道。武帝之後，所以「改正朔」、「易服色」等種種的變革，乃是受了這種思想的影響。

八、社會均富，養民爲本

漢初社會，繼大亂之後，農業凋敝，民生困苦，文景時代，許多農民又棄農從事工商活動，捨本逐末，於是形成許多貧富懸殊問題。這是社會動亂不安的主要因素。他說：「大富則驕，大貧則憂。憂則爲盜，驕則爲暴。此衆人之情也。」⑲ 因此，董仲舒的經濟建設，卽以養民爲本，而欲達到社會均富之目的。主要有下面三項措施：

㈠禁止官宦之家與民爭利、爭業

西漢自文、景以後，因人民經營工商業，產生不少豪門，造成社會貧富不均。戴君仁先生說：「西漢到武帝時，已承平了七十年，那些諸侯王、公主、公卿大夫們已享厚祿，還要做生意，與民爭利。他們有勢力，資本大，小民如何爭得過。在武帝之前，如吳王濞、鄧通之鑄錢；在武帝之後，如楊惲家居，治產經商。可見這種豪門資本在社會上得勢甚久，其為害於社會是不待言的。這是造成貧富不均而為擾亂的重要原因。」⑳

有人民始有國家，民生安定富庶，國家自然鞏固。因此王者居上位，除以教化百姓為大務，而養成美好的習俗外，更應該抑止豪强，濟貧弱，並禁止官宦之家與民爭利。天人策說：

「身寵而載高位，家溫而食厚祿，因乘富貴之資力，以與民爭利於下，……以迫蹴民，民日削月朘，寖以大窮。富者奢侈羨溢，貧者窮急愁苦；窮急愁苦而上不救，則民不樂生；民不樂生，尚不避死，安能避罪！此刑罰之所以蕃而姦邪不可勝者也。故受祿之家，食祿而已，不與民爭業，然後利可均布，而民可家足。」

這種不與民爭利的主張，即是出自養民的思想。

㈡限田政策

為了防止土地兼併，造成貧富差距。董氏有所謂「限民名田」的政策，鑑於秦用商鞅變法以後，更改古帝王制度，廢止井田，民得私相買賣田地。於是富者田連阡陌，貧者無立錐之地。㉑而造成很嚴重的社會問題。但董仲舒深知古代的井田制度已無再恢復可能，於是提出此權宜之策，以限止私有田產的增加，杜塞兼幷之路，目的在安定小農之生活。

㈢塩鐵開放給人民開採，鼓勵關中人民種麥

塩、鐵是民生必須品，消費量大，若由官家經營，則無異與民爭利，易造成豪門。所以董仲舒主張「塩鐵皆歸於民」，而任由人民開採，大家公平競爭，利潤則歸大衆所共享。

關中是京城所在，多王公貴人，生活浮華，不事生產，一般百姓，或染流俗，不喜種麥。因此，董仲舒要武帝多鼓勵人民種麥，好穩定社會，以篤民風。他說：

「聖人之於五穀最重麥與禾也。今關中俗不好種麥，是歲失春秋之所重，而損生民之具也。願陛下幸詔大司農使關中民益種宿麥，令毋後時。」㉒

㈣解放私奴並禁殺奴婢

古代有所謂養士之風，王公貴族，門下常養一些食客，一旦急需，好爲主人效勞。到了西漢初年，一些有權、有勢之大戶人家，畜奴之風也相當盛行。天人策云：

「因乘富貴之資力，……衆其奴婢，多其牛羊，廣其田宅，博其產業，畜其積委，務此而亡已，以迫蹴民。」

畜奴之風也是造成社會貧富不均的主要原因。又這些富豪們，憑著他們的權勢，對那些工作辛勞的奴隸操有生殺大權，著實不公平，所以董氏在奏請實施限田政策的奏議中，也提出「去奴婢，除專殺之威」的主張。從這可以看出他對人權的尊重。

㈤薄賦斂、輕繇役

董仲舒在其奏請實施限田政策奏議一文中又云：「薄賦稅、省繇役，以寬民力。」薄賦斂、輕繇役，都是使民生安定，生活富庶的重要措施。可惜武帝當時因忙於對匈奴的征伐，及邊境的開拓，歲耗甚鉅，因此董仲舒的建議，當時並未能付諸實行。

九、統一思想，歸宗儒家

要有統一的國家，必先要有共同的中心思想，董仲舒爲了適應當時時代的需要，要求統一學術思想，因此建議漢武帝要杜絕諸家之說，一切歸本於六經之科和孔子之教，然後百姓才知有所適從。天人三策云：

「春秋大一統者，天地之常經，古今之通誼也。今師異道，人異論，百家殊方，指意不同，是以上亡以持一統；法制數變，下不知所守。臣愚以爲諸不在六藝之科，孔子之術者，皆絕其道，勿使並進。邪僻之說滅息，然後統紀可一，而法度可明，民知所從矣！」

天人二策也說：

「秦……師申、商之法，行韓非之說，……非有文德以教訓於天下也。」

是其明斥申不害、商鞅、韓非等嚴刑峻法的學說，不能以文德教化天下百姓，造成秦社會風俗之弊壞，國運短祚。因此，要敦厚民風，只有崇尚儒術，這可以說和他推行教化的政策，相爲表裏。

董仲舒可以說是西漢一代最偉大的思想家，雖然無先秦諸子那麼的充滿智慧和深刻的見地，但是他以「天、人」的關係爲中心，本乎仁心，統理萬物，而落實於儒家的人道思想，建立一套屬於學術又屬於政治的哲學體系，立論嚴謹而有條理。現列一簡表如下：

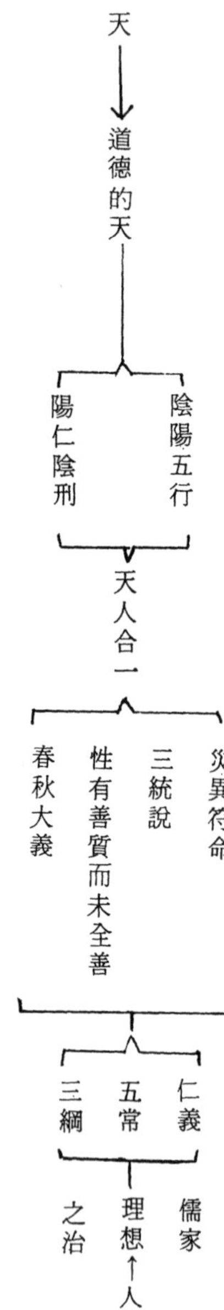

附注

①見古史辨梁啓超著陰陽五行說之來歷。

②見胡適作中國中古思想史長篇　齊學。

③徐復觀著兩漢思想史　先秦儒家思想的轉折及天的哲學的完成云：「將陰陽分而爲四，以與春夏秋冬相配合，可能即出於仲舒。後人更援引以釋易傳。」

④見宋元學案明道學案。
⑤見春秋繁露五行變救篇。
⑥見王充論衡是應篇。
⑦參見顧某漢代學術史略。
⑧漢書張蒼傳云：「漢興二十餘年，天下初定。公卿皆軍吏。蒼爲計相時，緒正律曆。以高祖十月始至霸上，故因秦時本十月爲歲首，不革。推五德之運，以爲漢當水德之時，上黑如故。」又云：「蒼爲丞相十餘年，魯人公孫臣上書，陳終始五德傳，言漢土德時，其符黃龍見，當改正朔，易服色。事下蒼，蒼以爲非是，罷之。其後黃龍見成紀，於是文帝召公孫臣以爲博士，草立土德時曆制度，更元年。」
⑨見史記太史公自序。
⑩見春秋繁露十指第十二。
⑪見春秋繁露楚莊王篇第一。
⑫春秋繁露楚莊王篇云：「楚莊王殺陳夏徵舒，春秋貶其文，不予專討也。靈王殺齊慶封，而直稱楚子，何也？曰：莊王之行賢，而徵舒之罪重，以賢君討重罪，其於人心善，若不貶，孰知其非正經，春秋常於其嫌得者，見其不得也。是故齊桓不予專地而封，晉文不予

致王而朝，楚莊王弗予專殺而討，三者不得，則諸侯之得殆此矣！此楚靈王之所以稱子而討也。春秋之辭多所況，是文約而法明也。」

⑬見哲學與文化第三卷第七期張永儁所作春秋大一統述義。

⑭春秋繁露對膠西王越大夫不得爲仁篇作：正其道，不謀其利，修其理，不急其功。

⑮見春秋繁露仁義法。

⑯周敦頤通書：「德：愛曰仁，宜曰義，理曰禮，通曰智，守曰信。」李二曲四書反省錄中庸：「天生吾人，厥有恒性。五德具足，萬善咸備。」

⑰白虎通義情性篇云：「五性者何？謂仁、義、禮、智、信也。仁者不忍也，施生愛人；義者宜也，斷決得中也；禮者履也，履道成文也；智者知也，獨見前聞，不惑於事，見微知著也；信者誠也，專一不移也。」

⑱天人策云：「臣聞聖王之治天下也，少則習之學，長則材諸位。爵祿以養其德，刑罰以威其惡，故民曉於禮誼，而耻犯其上。武王行大誼，平殘賊，周公作禮樂以文之。至於成康之隆，囹圄空虛四十餘年。此亦教化之漸，而仁誼之流，非獨傷肌膚之效也。至秦則不然，師申商之法，行韓非之說，憎帝王之道。以貪狼爲俗，非有文德以教訓於天下也。誅名而不察實，爲善者不必免，而犯惡者未必刑也。是以百官皆飾空言虛辭而不顧實，外有事

君之禮，內有背上之心。造僞飾詐，趣利無耻。又好用憯酷之吏，賦斂亡度，竭民財力。百姓散亡，不得從耕織之業，群盜並起，是以刑者甚衆，死者相望，而姦不息，俗化使然也。故孔子曰：『導之以政，齊之以刑，民免而無耻』，此之謂也。」

⑲見春秋繁露第二十七篇度制篇。

⑳見大陸雜誌四十二卷第六期戴君仁作董仲舒對策的分析。

㉑見漢書食貨志上。

㉒見漢書食貨志上。

第四章　董仲舒思想評述

董仲舒是西漢最偉大的政論家、思想家，劉向盛贊他「有王佐之才，雖伊、呂亡以加，管、晏之屬，伯者之佐，殆不及也。」董氏以公羊名家，劉歆雖攻詆今文學，仍稱他「爲群儒首」。朱熹論三代人物，唯推董氏爲醇儒，足見董仲舒在兩漢學術界乃執牛耳之地位。他集當時思想之大成，以「道之大原出於天」爲樞紐，推明陰陽，闡揚天人之關係，要國君法天，則地，立綱紀，本仁義，以通人情，達貫天道。在今人看來，有些不免流於怪誕迂遠，然就當時的學術思潮來看，是具有其時代意義的。牟宗三先生在其歷史哲學一書中，謂他的思想「有超越性，理想性，涵蓋性，非有發揚之精神不能欣趣而肯定之也。」

董仲舒的思想不但代表當時學術主流，而且他所建立的思想格局，確立了儒家的學術價值，這種超人的遠見，的確非常人所能企及。但是一般說來，漢代許多思想家，他們所建立的學術類型，都還留在天道、人事諸般現象的歸納及人生理想的建立階段，若與魏晉玄學、宋明理學相比，顯然覺得其深度不夠。就以董氏思想而言，在其博大之中，仍不免有些小疵。如陰陽五行如何相生相勝？以及用五行配四時而土德如何安排？陰陽運行與五行、四時、方位如何相配？天人何以能感應？災異、符命之說是否合理？人性的價值如何？五常與五行有何關係？這些問題都值得我們去批判澄清。又其罷黜百家，獨尊儒術，是功是過，後人亦多爭論。現在皆一一加以檢討，冀能確實肯定董氏的學術地位和貢獻。

壹、五行相生相勝問題

董仲舒認爲五行是依照「比相生，間相勝」的規律在運轉，於是四季的變化，朝代的轉移，由此而生。從表面上看，它是歸納自然諸般現象所作的一種合理解釋，但他所提出五行何以會「相生相勝」的理由，卻極爲勉强，穿鑿痕迹，十分顯然。如他首以五行配五官：木爲司農，火爲司馬，金爲司徒，水爲司寇，土爲司營。然後以五官相承相剋的關係，來說明相生與相勝的道理。繁露五行相生篇說：

「木農之本，司農尚仁，……司馬實穀，司馬本朝也，本朝者火也，故曰木生火。」

「南方者火也，本朝司馬，尚智進賢聖之士，……以定天下，天下既寧，以安君官者司營也，司營者土也，故曰火生土。」

「中央者土君官也，司營尚信，卑身賤體，夙興夜寐，稱述往古，以厲主意，明見成敗，微諫納善，防滅其惡，……大理者司徒也，司徒者金也，故曰土生金。」「西方者金，大理司徒也，……伐有罪，討不義，是以百姓附親，邊境安寧，寇賊不發，邑無獄訟則親安。執法者司寇也，司寇者水也，故曰金生水。」「北方者水，執法司寇也。司寇尚禮，君臣有位，長幼有序，……百工維時，以成器械，器械既成，以給司農，司農者田官也。田官者木，故曰水生木。」

若此，以人事解說五行相生現象，因果倒置，不合情理。又五行相勝，前章業已引論，亦與相生之說，如出一轍，皆難以令人信服。在後漢章帝建初四年（西元七九年），諸儒會大會於白虎觀，考詳五經同異，章帝命史臣將此次論述輯成通義，即今日所傳的白虎通義一書，該書有關五行相生相勝之說，雖深受董仲舒的影響，但白虎通義是以物性來解釋五行相生、相勝的原因，遠較董氏來得合理。如說相生之理云：「木生火者，木性溫；暖伏其中，鑽灼而出；故生火。火生土者，火熱故能焚木；木焚而成灰，灰即土也；故火生土。土生金者，金居石依山，津潤而生；聚土成山，山必生石；故土生金。金生水者，少陰之氣，溫潤流澤；銷金亦為水，所以山雲而從潤；故金生水。水生木者，因水潤而能生，故水生木。」①又論五行相勝則說：「五行所以相害者，天地之性，衆勝寡，故水勝火也。精勝堅，故火勝金。剛勝柔，故金勝木。專勝散，故木勝土。實勝虛，故土勝水。」如此解說，是就木火土金水五行之本性而論，淺顯而容易被人所接受。

騶衍的五德終始說，已提到五行相生相勝的問題，但由於騶書早已亡佚，故今無法了解其眞象。據我們推測，陰陽家立此說當不至於太玄，他們的學說都是附會自然現象而來，所以有關相生、相勝的說法，也一定是觀察物理所得的結果：木燒則生火，故曰木生火；物經火燒成灰而生土，故曰火生土；土裡埋金，故曰土生金；金熔化爲液體則屬水，故曰金生水；水潤而木生長，故曰水生木；這乃五行相生自然之理。至於相勝，則：水來土擋，故曰土勝水；金剛可以削木，故曰金勝木；水性可以熄火，故曰水勝火；木據土而長，故曰木勝土；火可銷金，故曰火勝金。其理至爲顯然，不必多費口辭，董仲舒爲了達成其政治上之目的，而直接附會以人事，不依常理加以解說，因而容易造成後人的不解。

貳、以五行配四時，關於土德的安排問題

董仲舒所謂的五行相生，即以五行配四時：木春、火夏、金秋、水冬，土則居中央不名一時。繁露天辨在人篇云：

「金木水火，各奉其所主，以從陰陽，相與一力而并功，其實非獨陰陽也，然而陰陽因之以起，助其所主。故少陽因木而起，助春之生也；太陽因火而起，助夏之養也；少陰因金

而起，助秋之成也；太陰因水而起，助冬之藏也。」

四季的變化本由於陰陽的消長，若用易經四象來表示，則四季極爲分明：春（⚎）陽氣伏生於下，夏（⚌）皆陽，秋（⚍）陰氣伏生於下，冬（⚏）皆陰。陰陽二氣互爲消長，循環不已，於是四時也不斷的更替，董氏分別命名爲少陽、太陽、少陰、太陰，而配以木、火、金、水，各主一氣節。然五行尚多出一土，無法與四時相配，只好把它置於中央，分別與四時相策應，謂四時者土兼而有之，所以土者變成了五行中最貴的一行。繁露五行之義云：

「土居中央，爲之天潤，土者，天之股肱也，其德茂美，不可名以一時之事，故五行而四時者，土兼之也。」

這種以土居中央的解說，是否陰陽家舊說，我們不得而知。白虎通義五行篇云：「土所以王四季何？木非土不生，火非土不榮，金非土不成，水非土不高，土扶微助衰，歷成其道，故五行更王，亦須土也，王四季，居中央，不名時。」亦把土混合於四行之中，即木火金水，非土不可，這可以作董氏之說的註脚。但若依此說，則因缺了土，不合五行相生的規律。火無法直接生金，那麼秋何以能接夏？爲了解決這一困難，董氏又在夏秋之間配之以土，而在時序上稱爲「季夏」，這麼一來，土德在時序上雖然解決了，但又發生了二大問題：一爲一年共十二月，平分爲四季，每季各爲三月，如又多出一季夏，那麼各季月份的安排，便有了問題。二爲若在四時中間多一「土」德的「季夏」，在陰陽消息上又屬多餘，所以在一年中多一季夏以配土德的安排，仍然是很勉强的。後來王肅又以「土」爲「地」之別號。地乃與天相對，如僅就「天時」的終始，則無土之必要，而但有春夏秋冬則可。但春夏秋冬得以表現者，實由有「土」的緣故，土卽地，無地亦無所謂四時。所以其配列，只好以「土」居于五行之中央，亦恰如與天之五星位置相同。②這又回到董仲舒的說法。繁露五行之義篇說：

「天有五行，一曰木，二曰火，三曰土，四曰金，五曰水。木，五行之始也；水，五行之終也；土，五行之中也；此其天次之序也。木生火，火生土，土生金，金生水，水生木，此其父子也。木居左，金居右，火居前，水居後，土居中央，此其父子之序。」

在空間上說，董氏以土居中央，卽王肅所主張與「天」相對的「地」，是四時所共有，若沒它則四時也失其意義。就時間上而言，也須有了土，五行相生律始得完成。所以董氏對土德的安排，是具有時、空的作用。道理是容易了解，但就土德在四時實際的安排上說，總不能令人不生疑義。

參、陰陽運行與五行四時方位相配問題

五行說成立以後，被應用得相當廣泛，用它可以配方位、四時、五音、五臟……等，茲

列一簡表如下：

五行	方位	四時	五音	五臟	五官	五常	五事	備註
木	東	春	角	心	司農	仁	貌	白虎通屬肝
火	南	夏	徵	肝	司馬	知	言	白虎通屬心禮
土	中央	季夏	宮	脾	司營	信	視	
金	西	秋	商	肺	司徒	義	聽	
水	北	冬	羽	腎	司寇	禮	思	白虎通屬智

就方位而言，木、火、土、金、水各居一方，繁露五行之義篇云：

「五行之隨，各如其序；五行之官，各致其能；是故木居東方，而主春氣；火居南方，而主夏氣；金居西方，而主秋氣；水居北方，而主冬氣。……土居中央。」

四時的轉移，是由於陰陽的推動，而其運行的方向上是有一定的順序。一般都認爲陽氣起於東北，而盡於西南；陰氣起於西南，而盡於東北。圖解如下：

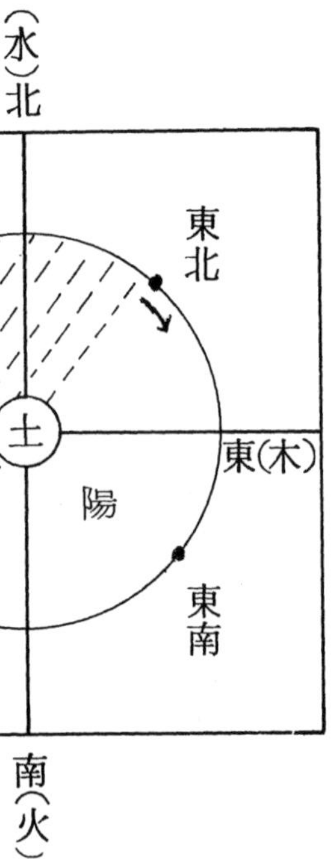

依此圖說，陽氣由東北向南行，至東遇木氣，則助春之生；繼續南行，到正南遇火之氣，則助夏之養；而終止於西南。陰氣則由西南向北運行，至西遇金之氣，則助秋之收；繼續北行，到了正北遇水之氣，則助冬之藏；形成一年四季，其道理易知易解。但董仲舒解說陰陽運轉的方位，與上說不同。他認爲陽氣始於東北而向南行，陰氣始於東南而向北行。至中冬之月，相遇於北，合而爲一，謂之日至，又別而相去，陰適右，陽適左；冬月盡，而陰陽又俱南還，陽南還出於寅，陰南還入於戌；至中春之月，陽在正東，陰在正西，謂之春分，是時陰陽相半，故晝夜均而寒暑平，陰日損而隨陽，陽日益而鴻，故為煖熱；初得大夏之月，相遇於南方，合而為一，又相別而去，陽適右，陰適左；夏月盡，陰陽俱北還，陽北還而入於申，陰北還而出於辰；至中秋之月，陽在正西，陰在正東，謂之秋分，是時陰陽相半，故晝夜均而寒暑平，陽日損而隨陰，陰日益而鴻，此陰陽之運行，四時寒暑之所生成也。③其說複雜，現列一簡圖說明如後：

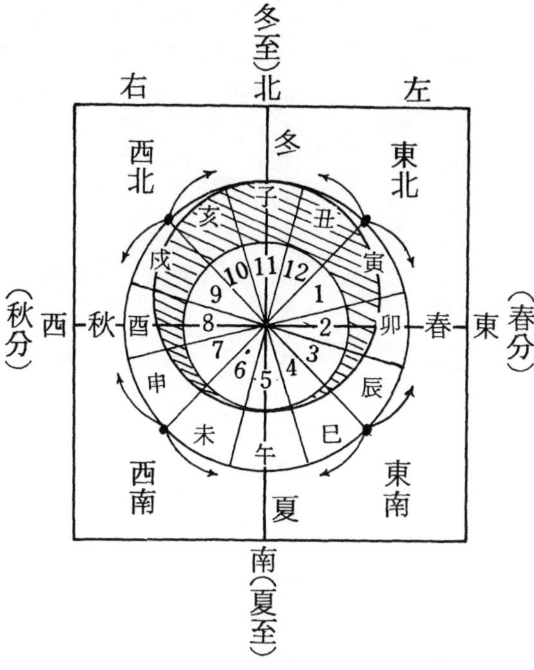

「陽氣始出東北而南行」，「陰氣始出東南而北行」，在大冬的時候，陰由東方來，陽由西方來，正交於北方，陰氣全盛，陽氣隱伏，時爲冬至；然後陰氣右行，陽氣左行，二氣皆向南，在中春時，陽在正東，陰在正西，時爲春分，此時陰陽各居半；陰、陽又繼續南行，陽漸增，陰漸損，至中夏時，陰陽又相交，陰氣隱伏，時爲夏至；後二氣又繼續北行，而陽向右，陰向左，至中秋時，陽在正西，陰在正東，時爲秋分，陰陽亦各居半；然後陰陽二氣又繼續北行，復在正北相交，又回到大冬。所以董氏說陰、陽二氣：「春俱南，秋俱北。夏交於前，冬交於後。」④一年四季，就由此陰陽二氣消長運轉，而循環不已。雖與一般說法不同，但也能言之成理，唯董氏所謂的左右，並不是和我們相對方向的左右，而是與我們同方向的左右，須辨乎此，才不致於對董氏此說發生誤解。⑤

肆、天人相感問題

董仲舒的學說是以「天」爲基礎，而發展成天人相感的哲學。以天道言政治，言人生，並藉着上天的種種報應，來警勉人主和百姓，這種言論，是否正確，姑且不論，但在勸世行道的意義上，是值得珍貴的。

人類日夜與大自然相接觸，抬頭一看便是天，很自然的把一些非人力所能爲的都歸諸天。中庸說「配天」，是說聖人之道，「本天人之際」，始於鬼神，「中於術數」，終於飲食。日用人事之內，天事開始，人事終結，所以「天人相應」那是極自然的現象。董仲舒在繁露順命篇說：「天地萬物之主，萬物非天不生。」可見，天不但是人類活動生存的空間，也是萬物的本原。而人是爲萬物之靈，超乎衆物之上，爲天下最貴者，是上天的愛子，它的形體，化天數而成；它的血氣，化天志而仁；它的德性，化天理而義；它的好惡喜怒，取化於四時；⑥所以人與天的關係最爲密切，受天的恩賜也最深，如天生萬物，皆爲了養人。但天道高遠，非人力所能企及，而董氏並不以此距離爲困難，他以爲君主可作天人之間的媒介，順命篇說：「天子受命於天，諸侯受命於天子，子受命於父，臣妾受命於君，妻受命於夫，諸所受命者，其尊皆天也，雖謂受命於天亦可。」凡人只要俟君主之敎導，便可上達於天。所以他又說：「唯天子受命於天，天下受命於天子。」「春秋之法，以人隨君，以君隨天。」董氏以君主來作爲天人交感的媒介，不但强化了國君的責任，而且使天人的關係顯得更爲密切。

在天人交感的前提下，應該以人心比天心，效法天道之自然。國君施政治民，慶賞刑罰，都應以天道爲依歸，如繁露天地陰陽篇云：「王道參天地。」又天地之行篇云：「爲人君者，其法取象於天。」天人策也說：「王者承天意以從事。」又云：「王者欲有所爲，宜求其端於天。」甚至連任官置吏，也無不取法於天。如王者置三公，每一公有三卿，每一卿有三大夫，每一大夫置三士。此卽取法天、地、人三才，或取法日、月、星三光。公、卿、大夫、士四階級，卽取象春、夏、秋、冬四時。三公、三卿、三大夫、三士共十二臣，乃法一年十二月之數。這都是以人感天的具體例證。

天生人、養人，這是上天的一大職責，並且它具有極大的權威，經常鑑臨人間，以妖祥禍福，警勉人君行事之得失。所以災異與符命卽是上天感人的例子，關於這點，留待下節再加批判。但這種災異、符命的說法，頗有宗教家的意味，人君若能領會此意，提高警覺，仁政愛民，則又是反過來人感天，若此，則必取悅於天，而得瑞應，受天之命，而保有天下，這又是天感人，所謂天人交感，就是指此而言。

董仲舒論天人交感，是先肯定天不但是一偉大的自然，而且又是一個具有人格、有權威、有意志，眞正統治宇宙世人之神。至於國君只不過是造物之天帝置於人間而代司其職者，要其教導凡人以從天意，所以必須施德以配天，好仁而遠刑。其中近乎神話之處，固屬無稽，有些也不合乎科學原則。但在政治上，能規範人君，使施政有所準繩。在人生修養上，使有一正確之目標，一切在天道的大原則下，人人重仁義，輕功利，修身養性，去惡揚善。此種思想，對社會次序的維護，及善良風俗的培養，是有莫大的貢獻。

伍、災異與符命問題

災異與符命，與天人感應都屬天人關係一系列的思想。如果天人眞的可以交感，那麼災異與符命的說法當然可以成立。可是有人對此問題，始終抱着一種懷疑的態度，或斷言其不可信。不知宇宙這一大空間，諸般現象實在非一般人所强調的理性，或靠人類的智慧，卽可揭開其奧秘的。所以我們不能輕易卽否定漢人一些天人哲學的主張，但也不必全信。對其中有些問題，我們不妨可加以批判，這樣或許可使眞理更爲顯明。

董仲舒說：「……淫佚衰微，……殘賊良民，……廢德教而任刑罰，……則生邪氣，……上下不和，則陰陽繆戾，而妖孽生矣！」這就是董氏災異說的主要論點，認爲災異之起，是由於人君有了過失，因爲天可以感人，人也可以感天，所以上天便先以災變或怪異來譴告人君，藉此使人君能有所反省，好修德改政。但根據古史的記載，天地間許多不尋常的災變，不論太平時期或亂世，隨時都可以產生，如堯時有洪水，史記五帝本紀云：「堯曰：嗟！四嶽，湯湯洪水滔天，浩浩懷山襄陵。」湯時有旱災，漢書食貨志云：「湯有七年之旱。」而堯、湯都是人民心目中古代之聖王，按理說應該要有許多瑞應才是，但爲何會有水、旱等災變呢？可見災異之起，只不過是上天一種偶然的現象。如以今天自然科學觀之，災異說實在很難立足。在東漢王充時，對於這種以災變來譴告人君的說法，已有了異議，他在論衡明雩篇把災變分爲二類，一是政治之災，二爲無妄之變。王充云：「德酆、政得，災猶至者，無妄也；德衰、政失，變應來者，政治也。」王充根本反對災異應人事之說，人君守德，政治又無錯失，但上天仍有災變發生，這完全是無妄之災，所以王充認爲此種災異並非天對人寄有什麼意義。至於政治之災，也是不具有警告人的意謂，他說：「夫政治之有災異也，猶亨、釀之有惡味也。苟謂災異爲天譴告，是其亨、釀之誤，得見譴告也。」他的意思是說：亨、釀之有惡味，只由於人之調和有錯失；而政治之災變，亦只是如此，並非天之譴告。王充這種災變的思想，與董仲舒之災異論顯然不同。董氏認爲災異之起，是天應人君政治之失，乃出自天人感應的觀念。而王充所謂的政治之災，也不過是人君一時爲政之錯失。⑦天並無任何居心，像堯湯之聖明，而堯時有大水，湯時有大旱，絕非政治得失所致，堯湯之災變既然非政治所致，那麼百王之災害，當然也非政治所致。王充這種論點，完全把上天的許多異常，看成和日夜、寒暑之變化一樣，只不過是一種自然現象，用不着大驚小怪，這可以說是相當理智的論斷。

其實董仲舒提出的災異說，主要的目的是要導國君於正途，才附會自然變化，而訂出的政治哲學。從外表上看來，似不甚合理，但若仔細思之，寓意十分深刻，如王充駁堯、湯是爲聖君，爲何仍有水旱之災？所以他才改稱其爲無妄之災，只是因運氣不好碰上的。其實不然，堯、湯之有水、旱災，證明其政尚有小失，如其施政能勤於疏濬溝渠，興修水利，則可以減少水、旱災的發生。因而我們如把它看成是上天對人君一種責全求備的菩薩心腸，那麼董仲舒的災異說仍然具有其價值。

董仲舒在符命方面其立論之薄弱有如災異說，他想藉此來強化其天人感應的主張，使新舊政權的轉移有一合理的解釋，並鼓勵國君行仁政。但董氏只提出瑞應的現象，並沒說出其所以然。王充講瑞篇云：「夫瑞應猶災變也。瑞以應善，災以應惡。善、惡雖反，其應一也。災變無種，瑞應無類也。」王氏以瑞物之來，是「適時」或「偶然」而產生，就是因它並非「有種必生」，代代可以相接，而是世間所鮮有，才具有其可貴性，因此，一些有心人加以連想附和，才有所謂德應符命之說了。它迷信的成分極爲濃厚，但在民智未開的古代，當然很容易被一般民衆所接受，甚至在董仲舒以前這種說法已相當普遍，如讀漢書高帝紀，便可體會出劉邦尚未成功以前，已有很多的瑞應，可以顯現出他是未來的天子。王充論衡吉驗篇說：「高皇帝母，曰劉媼，嘗息大澤之陂，夢與神遇。是時，雷電晦冥，蛟龍在上。及生而有美（當有「質」字）。性好用酒，嘗從王媼，武負貰酒飲醉，止臥，媼、負見其身常有神怪；每留飲醉，售酒數倍。後行澤中，手斬大虵，一嫗當道而哭，云：『赤帝子殺吾子』。此驗既著聞矣。秦始皇帝常曰：『東南有天子氣』。於是東遊以厭當之。高祖之氣也。與呂后隱於芒碭山澤間，呂后與人求之，見其上有氣直起，往求，輒得其處。」這些都是應王者的吉命，它不一定是屬事實，可能只是劉邦爲了號召民衆，而故意表現出他的神奇，及與衆不同，因而利用一些巧合的自然物，來做爲他奪取政權的有利宣傳。從史記、漢書的記載，可以了解符命的思想，在戰國、漢初的時候已相當風行，而董仲舒採取了它，成爲他天人政治哲學的一部分，至於是否合理，那可說是次要的問題。

從天人感應的觀點，災異與符命的理論是可以說得通的。如人君失德，或政衰，必可以感天，而上天必爲災異而譴告之，讓其反省，冀其能修德、改政，否則將遭到更大的災害，甚至於亡身亡國。同樣，人君如果德豐、政得，也一定可以感天，而上天也將以瑞物應之。可見董氏所言的災異和符命的出現，是具有「一定性」和「必然性」，而完全取決於人君的德、政的善與惡。有人稱它是屬於「道德的理想論」，到了東漢的王充曾加以反駁，他認爲災異與瑞應都不是應時代和人君的善或惡，也可以說是代以「命定論」來言災異和瑞應，以爲災異、瑞物的出現，都是命定中碰上的。照王氏之說，反而失去對人君懲惡、揚善的意義，所以王充的說法不見得比董仲舒來得高明。⑧但董氏災異、符命說的確也有些不近情理，周紹賢先生曾評之云：「然如仲舒所言，致雨止雨之說，有似後來道教祈雨祈晴之術；君臣無禮，則木不曲直，有似宗教家對荒野之民，勸導爲善之語；此類之說，諒仲舒自心亦不相信，而能使他人相信乎？是以其後卒以言災異而獲罪，遂不敢復言災異。」⑨大雨、乾旱既然都是應人君之惡的一種災異，那麼救變之道，依董氏自己之說，應在勤政養民上下功夫才是，豈只祈雨、祈晴之祝即能消災解禍呢？所以觀董氏此舉，與其災異說之立論，不免有相互矛盾的地方。

陸、人性善惡之問題

董仲舒認爲人身具有貪、仁之性，繁露深察名號篇說：「人之誠有貪，有仁，仁、貪之氣兩在於身，身之名取諸天。天兩有陰陽之施，身亦兩有貪、仁之性。」仁爲善，貪爲惡，所以身亦兼有善、惡兩在之性，也就是說人性當屬「善、惡混」的意思。西漢末年揚雄論人性也說：「人之性也，善、惡混，修其善，則爲善人；修其惡，則爲惡人。」⑩這可以說是沿襲了董氏的說法。他們都主張一個人的本性中，不但有善的成分，也有惡的成分。但到了東漢王充，也主張人性有善、有惡之說，論衡率性篇說：「論人之性，定有善、有惡。其善者，固自善矣！其惡者，故可教告率勉，使之爲善。凡人君父，審觀臣子之性，善則養育勸率，無令近惡；惡則輔保禁防，令漸於善。」本性篇又說：「實者人性有善、有惡，猶人才有高有下也，高不可下，下不可高。」看這二段話，王充所謂的人性有善、有惡，並不是就一個人的本性而言，而是指一切人之性而說。論衡齊世篇又說：「古有無義之人，今有建節之士。善惡雜厠，何世無之？」是說古今所有人中，有一部分人是性本善，一部分人是性本惡，合而言之，全體之人性中也是善惡混。⑪後來韓愈亦論人性之本原，他將人性分為上、中、下三品，上品是善的，下品是惡的，中品是可善、可惡，或無善、無惡。韓氏這人性的三品說，其上品、下品與王充說法相同。綜合前人論人性善惡的問題，除孟子主張性善，荀子主性惡外，又有主張性無所謂善惡，卽中性者，如告子之說；主張就一人之本性而言為善惡混者，如董仲舒、揚雄；主張一切人中，有的性善，有的性惡者，如王充；主張所有人中，有性善，有性惡，有中性者，如韓愈。這種種說法，表示歷來學者對人性問題的重視。但到底人性的本質若何？卻始終無法得到一肯定的結論。今後如果要想在人性論上有突破的發展，一定要擴大研究的領域，如利用人類學、社會學、心理學等相關的知識，拋開善、惡之桎梏，若此，也許能得到人性之究竟。

董仲舒論人性，乃具有政治上的目的，有些為了遷就事實，因此不免有許多疏漏的地方。如他認為身之本質有性、有情，情為惡之原，而性包括了情，所以性非全善，他在繁露深察名號篇中，以禾、米來比喻性與善的關係，他認為米雖是出自禾中，但禾不可全謂之米；同理，善雖出於性，也不能謂性全為善。所以他在實性篇說：「性有善質，而未能為善也。

」若依此說，董氏仍然認爲人性是具有善端的，這和孟子的觀點相同。但其間的差別，是董仲舒認爲此善質只是性的一部分而已，而另一部分是屬於情慾方面，若依情慾發展，卽有行惡的可能，因此，非賴教育的力量不能成善。但他在深察名號篇說：「性之名非生與？如其生之自然之資謂之性，性者，質也。」旣然說人性是原來自然之資質，就不應該雜之以情慾，不然會令人在性的義界上有不一致的感覺。這完全是董氏爲了調和孟、荀的主張所作的解說。他並沒考慮到孟子主性善，荀子主性惡，二人出發點並不一致。孟子是認爲人性本原於天，它是形上的先天存在，而「善」乃性的本質，「良知良能」，卽是善的根據。因此，人只要「盡心」、「率性」，便可以行善，這是根據形而上之理想而立論。荀子則不然，他把後天的情慾，完全看成性，因此，若順着人的耳、目、口、腹之欲去做，便會行出壞事，這與孟子相反，它是根據形而下之生理需要而立說。而董氏不辨孟、荀兩家所用方法的不同，就任意加以折衷，就不免有了問題。

若人性眞的有善有惡，而其行善是由於教育環境使然，那麼像孔子所說的「唯上智與下愚不移」，又作何解釋呢？或是因古代之至人、聖人之仁心仁政，一般都認爲是天生的，要不是從其本性仁善立論，則很難自圓其說。董仲舒爲了解決這一難題，在深察名號篇他說：「名性不以上，不以下，以其中名之。」可知，董氏論性是指「中人」而言，謂至人之性不僅止於善端，而下愚之性又乏善可言。所以實性篇說：「聖人之性，不可以名性；斗筲之性，又不可以名性；名性者，中民之性。」斗筲之人卽孔子所謂的下愚。上智與下愚在社會畢竟是少數，大部分都是「中性」之民，這是董仲舒論人性的主要對象。照董氏的說法，人性也可分爲三種，聖人之性本善，斗筲之人性本惡，而一般人之性則有善有惡。其實韓愈的性三品說，在董仲舒的人性論已見端倪。

柒、五常配五行問題

仁、義、禮、智、信爲五種人倫之常道，與宇宙之木、火、土、金、水天之常行相當。所以五常卽五行，它是人類行爲之準則，也是王者所當修飭之要道。白虎通義又稱它爲五性。情性篇云：「五性者何？謂仁、義、禮、智、信也。仁者不忍也，施生愛人也；義者宜也，斷決得中也；禮者履也，履道成文也；智者知也，獨見前聞，不惑於事，見微知著也；信者誠也，專一不移也。」此主要在解釋五常要義。揚雄法言修身篇亦云：「或問仁、義、禮、智、信之用。曰：仁，宅也；義，路也；禮，服也；智，燭也；信，符也。處宅，由路，正服，明燭，執符，君子不動，動斯得矣！」則在釋五常之用。

董仲舒對於五常之解釋，散見春秋繁露各篇中，所言皆平實而無奇，在前章業已論述。

但董氏在五行相生篇中，把五常與五官相配，謂東方「木」爲司農尙「仁」，南方「火」爲司馬尙「智」，西方「金」爲司徒尙「義」，北方「水」爲司寇尙「禮」，中央「土」爲司營尙「信」。董氏這種配法有幾個問題値得檢討：一是董氏各官名稱與周禮六官不相符合。周禮分天、地、春、夏、秋、多六官，天官冢宰，地官司徒，春官宗伯，夏官司馬，秋官司寇，多官司空。五行中除天以外，土可以配地，木、火、金、水以配春、夏、秋、多。而董氏爲何不用周禮官名，如秋官爲司寇，地官爲司徒，都是一般相因的說法，但董氏卻改秋（金）官爲司徒，土（地）官爲司營。這一來或可以證明周禮在漢初並未盛行，二來也可以看出今古文家立說的不同。第二個問題是董氏有司農與司營二官，亦不見周禮。依漢書百官公卿表，大司農在武帝時才設置，屬九卿之一，是掌管錢穀之事，所以董氏把它配以春（木）官。至於司營，依董氏之言，是屬於君之官，但不知其所掌爲何事，漢初亦無此官，可能是出自董氏自己的構想。

另外五常與五行相配，後來的白虎通義也繼承董氏的說法，但在順序上稍有出入，董氏以爲木仁、火智、土信、金義、水禮。⑫白虎通義把它與五臟相組合，然後與五行相配列，以肝仁屬木居東方，肺義屬金居西方，心禮屬火居南方，腎智屬水居北方，脾信屬土居中央。「火禮」、「水智」正好與董氏的說法相顚倒。論語雍也篇曰：「仁者樂山，智者樂水。

」白虎通義可能據此而加以更改，以智屬水，這完全是見仁見智的問題。但白虎通義論五常五行問題，不似董氏僅就政治而言，已經涉及到身體的五臟器官，使中國的醫學也參入了五行色彩，這也是五行思想又進一步的擴展。

捌、抑黜百家，獨尊儒術問題

董仲舒在其天人第三策中，向漢武帝提出了抑黜百家，獨尊儒術的主張，班固說：「推明孔氏，抑黜百家，立學校之官，州郡舉茂才孝廉，皆自仲舒發之。」但據當時學術發展的情形來看，到文、景時代，儒學已漸受到社會的重視，所以班固說武帝許多儒化的運動，「皆自仲舒發之」，這句話，實在尚有斟酌的必要。

戴君仁先生曾從董氏上天人三策的時間，來看董仲舒抑黜百家，獨尊儒術的問題，他認爲董仲舒上天人策，並非在武帝卽位之初，也不是在元光元年，應在元光二年至四年之間。而在此以前，已有多人向武帝建議，以儒學來統一當時的思想，所以戴先生最後歸結是：「抑黜百家非發自董仲舒。」⑬但我們要探討武帝罷黜百家，獨尊儒術，到底發於何人？這與董仲舒上天人策的時間雖有關係，但它已不是頂重要的問題。漢自劉邦建國至武帝卽位，已有六、七十年，在這一段時間，根據史記、漢書的記載，已有不少人關心到學術統一的問題。如高帝時，陸賈「時時爲高祖稱說詩書」，已開兩漢儒學風氣。又叔孫通也爲高帝定朝儀，所從者都是魯中講誦習禮諸儒。文帝時，賈誼又本着儒家精神，向文帝提出了許多改革朝政的措施，而建立了儒學的新局面，這些都是漢武帝獨尊儒術的先聲。到了武帝卽位以後，儒學定於一尊的趨向已相當的明顯。史記儒林傳說：

「及今上（武帝）卽位，趙綰、王臧之屬明儒學，而上亦鄉之。於是招方正賢良文學之士。……及竇太后崩，武安侯田蚡爲丞相，絀黃老、刑名百家之言，延文學儒者數百人。」

又漢書武帝紀也說：

「建元元年冬十月，詔丞相、御史、列侯、中二千石、諸侯相舉賢良方正直言極諫之士。丞相綰奏：『所舉賢良，或治申、商、韓非、蘇秦、張儀之言，亂國政，請皆罷。』奏可。」

可見當時主張明儒學，罷黃老、刑名之言的，不止董仲舒一人。而武帝也早已有心用儒學之士，罷黜刑名、縱橫諸說，只是碍於竇太后的反對，而不敢公然行事。史記魏其武安侯列傳云：

「魏其（竇嬰）、武安（田蚡），俱好儒術，推轂趙綰爲御史大夫，王臧爲郎中令。迎魯申公，欲設明堂，令列侯就國，除關，以禮爲服制，以興太平。……太后好黃老之言，而魏其、武安、趙綰、王臧等，務隆推儒術，貶道家言。是以竇太后滋不悅魏其等。及建元二年，御史大夫趙綰請無奏事東宮，竇太后大怒，乃罷逐趙綰、王臧等，而免丞相太尉。」竇太后罷逐趙綰、王臧等人，可以說是黃老與儒學之爭的借題發揮。我們可以看出儒學在當時已形成一股相當大的氣候。所以當竇太后突然崩逝，阻力一旦消失，儒學因而抬頭，那是極自然的事。又與董仲舒同時被徵舉的公孫弘，也本著儒家教化，建議漢武帝興學校，勸學修禮。因此，董氏「抑黜百家，歸尊孔子之術」的策議，可以說是統一思想時機已成熟的一種順乎潮流的措施，如果硬要說它是「發自董仲舒」，則未免言之重矣！

儒家之學，為何在西漢能取得一尊的地位，因素很多，並非三言兩語即可盡述。有人以為儒家的宗旨對君王帝位的維繫十分有利，例如一個國君只要不十分壞，壞得像桀、紂一樣，站在儒家君君、臣臣的立場，總認為是不應該把它推翻掉。只要在上位的能好好的撫養百姓，那麼在下的子民也須恭敬長上。如此，一切都有軌道，沒有爭，沒有亂，風俗自然臻於醇厚。⑭所以儒術最受帝王的青睞。其實這只是表面的原因，儒學之所以能駕越百家，取得獨尊，演變成中國文化的正統，主要還是在孔子學說的眞精神，它應乎天，順乎人，不尚虛玄，不像一些哲學家、宗教家，談靈魂，談來世，談天堂；他們先建立一個形而上的思想體系，然後再退而來解決一些現實生活的問題。因為這種思想是由上飄忽而下的，距離現實較遠，雖然顯得高深，但不切實際。反觀儒家，他們所重視的，是要建立一理想的現實社會，所要的是人間的天堂，而不是空中樓閣。因此，孔子所主張的格致誠正，修齊治平的要道，以及父慈子孝，兄友弟恭等德目，都是由實際生活而發，非常具體，只要大家依此而行，有一天，儒家理想獲得實現，那麼社會自然完善無缺。又儒家所强調的孝道，主張不但生要「事之以禮」，而且死亦須「葬之以禮，祭之以禮」。這種愼終追遠的要求，可使個人的靈魂有所寄託，以達成人類永生不滅的願望。當然人類的需求也許不止這些，如在精神上希望能得到更高的滿足，但這種需求往往與現實生活有關，如今生不如意，便想寄託於來生；實際生活遭到挫折，只好逃遁於精神領域。儒家雖然要人面對現實，但並未忽略人的精神生活。一個人只要生活美滿和諧，然後向上昇華，形而上的許多問題自然得以解決，這就是儒家所謂天人合一的境界。與許多思想家、宗教家的理想，可以說是殊途而同歸。但儒家這種由下而往上堆的思想層次，很適合於中國的民性、社會。又儒家具有一套完美的制度，有利於大局面的建立，不像其他各家，有些思想雖然也相當深入，但卻缺少建國方法，或失在有所偏，因此，頂多只能做爲治國的一術，以輔佐儒道的不足。所以自西漢以來，儒家的學說卽成爲中華文化的主體。

關於董仲舒倡導抑黜百家，獨尊儒術的功過，仁智之見，各有不同。有些人譴責他壟斷思想，甚至拿它與李斯上秦始皇的焚書奏相比。如梁啓超說：「惟一儒術，而學術思想進步之迹，亦自玆凝滯矣。夫進化之與競爭，相緣者也。競爭絕，則進化亦將與之俱絕。……故儒學一統，非中國學界之幸，而實中國學界之大不幸也。」⑮更有人認爲戰國末年打破了政治上的封建制度，但由於董仲舒勸武帝統一思想，反而使封建思想又由儒家傳了下來，造成了無數宗法組織極嚴密的家族，使得人民上面忘了國家，下面忘了自己。⑯如此論說，完全是歪曲了儒家的思想，未免小看儒家對中國文化的貢獻，儒家要人由「修身」做起，進而還要「齊家」、「治國」、「平天下」，最後止於至善之境，並沒讓人忘了自己，忘了國家。當然一種學說或措施，不可能絕對好，或絕對壞，但權衡利弊得失，只要利多於弊，便是好的學說，便有施行的價值。人不能沒有思想，因由思想才能產生信仰，由信仰才能產生力量。統一思想，歸本儒家，便是要使全國人有一致的信仰，讓大家在相同的目標下，致力於共同的利益，所以統一思想是有其必要的。而且統一思想，絕不是限制個人思想的自由。它只是以同一的信仰爲大前提，以避免因思想的泛濫，而導至國家喪亂而已。這樣對於統一思想的主張，又有什麼好非薄的呢？何況儒家學說又是那麼的溫和且適合國情，它給我們帶來一個安詳而有層次的社會，使我們的國家二千多年來始終能維持大一統的局面，不像面積與中國等大的歐洲，一直四分五裂，國家居然有二、三十個之多，由這一點可以看出儒家文化的博大能容。它對國家的統一，民族的發展，有不可磨滅的貢獻。因此，我們平心而論，董仲舒統一思想，尊崇儒術的呼籲，其功當多於過。

附注

①陳立白虎通義疏證引

②見王夢鷗作騶衍遺說考第四章五德始終論的構造

③見繁露陰陽出入篇

④見繁露天道無二篇

⑤二圖參考中國歷代思想家林麗雪所作董仲舒之附圖修正而成

⑥見賴炎元作董仲舒之學術思想

⑦參見陳拱著王充思想評論一書第三章災變和瑞應

⑧參見陳拱著王充思想評論第三章災變和瑞應

⑨周紹賢著兩漢哲學

⑩揚雄著法言修身篇

⑪參見陳拱著王充思想評論第五章人性之有善、有惡及其問題

⑫見本章第三節所附列之表

⑬見戴君仁作漢武帝抑黜百家非發自董仲舒考（孔孟學報第十六期）

⑭參見顧頡剛著漢代學術史略

⑮見中國學術思想變遷之大勢

⑯見顧頡剛著漢代學術史略

第五章　董仲舒對西漢學術之影響

班固漢書董仲舒傳曰：「自武帝初立，魏其、武安侯爲相而隆儒矣。及仲舒對策，推明孔氏，抑黜百家。立學校之官，州郡舉茂材、孝廉，皆自仲舒發之。」使儒術趨於一尊，前章已論述。贊又引劉歆的話說：「仲舒遭漢承秦滅學之後，六經離析，下帷發憤，潛心大業，令後學者有所統一，爲群儒首。」可見董仲舒的思想對當時實際政治及學術文化的轉變，具有莫大的影響。重要的有下列數項：如他「少治春秋」、「明於春秋」，闡發春秋公羊大義，中明天人哲學，欲達成其春秋大一統的指標，此在中國學術思想史上具有重大的意義，漢初春秋公羊學的盛行，董氏當居首功。此其一。又他不但明於春秋公羊學，而且也精通五經，他建議武帝「諸不在六藝之科，孔子之術者，皆絕其道，勿使並進。」因此樹立經學的權威，使經的學術成爲中國文化的主流。此其二。在漢初的社會，一般學者都侈言陰陽五行，董仲舒堪稱爲此學說的集大成人物，因而使當時的政治、民俗、學術等都瀰漫着濃厚的陰陽五行色彩。此其三。後人論研究學問之途，有所謂義理之學，與董生亦有密切的關係。牟宗三先生說：「文化系統即五經所代表者，此古官書也，堯、舜以來所傳之道法也。此道法之形上義理，經過孔、孟之批評的反省，抒發而爲純正精微之型範。董仲舒倡議復古更化，亦在繼承此文化系統，而其超越理想則亦集中于形上義理而發揮之。」①所以董仲舒已開後世義理學派之先河。此其四。「天人之際」是董仲舒學術思想的主體，而他的災異說便是「天人之際」的橋樑與徵驗，此對漢代吏治的影響極爲深遠。此其五。讖緯之學也是漢代學術的一大特色，但對其來源一般人都十分模糊，實則，董仲舒已爲讖緯先導，如我們了解董生的思想，則讖緯發生的過程，其脈絡自分明可循。此其六。董氏的天人三策，是研究董仲舒思想一篇很重要的文獻，他所提出的許多建議，促成武帝一朝政治上重大的改革。此其七。以上只就犖犖大者而言之，已足以說明董氏在中國學術思想發展史上是具有重要的地位，對漢代及傳統文化規模的建立，董氏功實不可沒，現在就此七項，分別說明如下：

壹、樹立漢初公羊學風

漢初的春秋學，即公羊學，公羊學傳自戰國齊人公羊高，高是子夏弟子。唐徐彥公羊疏引戴宏序云：「子夏傳與公羊高，高傳其子平，平傳其子地，地傳其子敢，敢傳其子壽，至景帝時，壽乃與弟子胡母子都，著於竹帛。」是公羊傳由高、平、地、敢、壽五世以口授相傳，而眞正有書是始於公羊壽。董仲舒也是以公羊學名家，與胡母生共傳春秋學，而樹立漢初的公羊學風。漢書儒林傳說：「胡母生，字子都，治公羊春秋，爲景帝博士。與董仲舒同業，仲舒著書稱其德。」漢書五行志又說：「昔殷周道弛，周道衰。孔子作春秋，則乾坤之陰陽；效洪範之休徵，天人之道粲然著矣。漢興，承秦滅學，景、武之後，董仲舒治公羊春秋，始推陰陽，爲儒者宗。」胡母生齊人，董氏趙人，所以史記儒林傳說：「言春秋，於齊、魯自胡母生，於趙自董仲舒。」二人在景帝時同爲春秋博士，以後公羊學家如公孫弘、嬴公、孟卿、貢禹、眭孟、嚴彭祖、顏安樂等，則爲胡母生所傳；嚴彭祖、顏安樂二家曾立於學官，段仲、褚大、李育、呂步舒、吾丘壽王則出自董仲舒所傳。在武帝元光元年，因尊公羊學，曾下詔太子受公羊春秋，所以公羊學在當時具有一股很大的勢力。

史學大家司馬遷，亦曾向董氏學公羊春秋。史記太史公自序云：「余聞董生曰：周道衰廢，孔子爲魯司寇，諸侯害之，大夫壅之，孔子知言之不用，道之不行也，是非二百四十二年之中，以爲天下儀表，貶天子，退諸侯，討大夫，以達王事而已矣！」但司馬遷何時與董仲舒相遇，而聞得春秋之言，在史記太史公自序及漢書司馬遷傳都無記載。又司馬遷只說「余聞董生曰」，到底是「親聞」，或「傳聞」，或「讀其書而聞」？因資料闕如，無法詳考。但不論司馬遷是否親自受業於董仲舒門下，其對春秋之主張，確是接受了董生的思想，所以其學當然可說是出自董氏，時間可能在二十歲以後。他由董氏的春秋學，得知孔子作春秋的本義以後，覺得孔子具有仁者的偉大心腸，欲擔負起救世、救民的大任，於是他便模仿春秋而寫史記，以達其「究天人之際，通古今之變，成一家之言」的目的。

董仲舒春秋公羊學，其說主要見於春秋繁露，但到了西漢末年因劉向、劉歆昌言古學，不免受到排斥。東漢研經又以古學爲主，所以董氏的春秋繁露可能隱微了一段時期。東漢何休作公羊解詁時，不稱董仲舒，究竟何氏見了繁露沒有？我們把二書拿來相互對照，可發現彼此有沿襲之處。如「隱元年春王正月」下，何休申其義云：

「一國之始政，莫大於正始。故春秋以元之氣，正天之端；以天之端，正王之政；以王之政，正諸侯之卽位；以諸侯之卽位，正竟內之治。……」

這就是所謂的五始。繁露二端篇也有相同的說法。云：

「春秋之道，以元之深，正天之端；以天之端，正王之政；以王之政，正諸侯之卽位；以諸侯之卽位，正竟內之治。五者俱正，而化大行。」

關於釋元始之意，二家之說，實相差無幾，又何氏所謂「三科九旨」之說，也見於董氏春秋繁露。但我們不能以此就證明何休公羊解詁是採用了董仲舒的說法，或許後世整理春秋繁露者，割取何休語，使成爲仲舒所有，也說不定。然而，若有人以何休「釋傳不及董生一字」，而在未得其他確實證據以前，就懷疑繁露之眞僞，亦未免有失平允。

貳、建立經學權威

董氏表彰六藝，建立經學權威，奠定了漢以後以經學爲主的中國文化類型。

自漢武帝採用董仲舒等的建議，抑黜百家，獨尊儒術以後，儒家遂居中國學術的正統地位，而六經又是儒家經典，儒家修齊治平的要道，就寄託於群經之中，董生說：「夫義出於經，經傳大本也。」（繁露重政篇）因此，談儒家學術就離開不了經。古人所謂「剛日讀經，柔日讀史」，「人遺子，金滿嬴；我敎子，惟一經。」充分表示出社會對於經學的重視，因此奠定了漢以後以經學爲主的文化類型。

兩漢是中國經學最昌明的時代。史記儒林傳說：「及今上（武帝）卽位，趙綰、王臧之屬明儒學，而上亦鄉之。於是招方正賢良文學之士。自是之後，言詩，於魯則申培公，於齊則轅固生，於燕則韓太傅。言尙書，自濟南伏生。言禮，自魯高堂生。言易，自菑川田生。言春秋，於齊、魯自胡母生，於趙自董仲舒。」到了武帝建元五年，置五經博士，書有歐陽生，禮有后倉，易有楊何，春秋有公羊。而詩學博士早立於文帝之時。把經學立於學官，這是經學發展史上的一件盛事。所以當時一些政治措施，也都與經學相配合。史記儒林傳說：「武安侯田蚡爲丞相，絀黃、老刑名百家之言，延文學儒者數百人，而公孫弘以春秋白衣爲天子三公，封以平津侯，天下之學士靡然鄉風矣。公孫弘爲學官，悼道之鬱滯，乃請……爲博士官置弟子五十人。……郡國縣道邑有好文學，敬長上，肅政教，順鄉里，……詣太常，得受業如弟子。一歲皆輒試，能通一藝以上，補文學掌故缺。其高第可以爲郎中者，太常籍奏。即有秀才異等，輒以名聞。」所以當時一些名臣，大多數是通經的儒生。如：

雋不疑：治春秋，爲郡文學，後位至京兆尹。

疏廣：明春秋，家居教授，徵爲博士。後位至太子太傅。

王吉：少好學明經，以郡吏舉孝廉爲郎，後徵爲博士。

龔勝：少好學明經，爲郡吏，後位至光祿大夫。

鮑宣：好學明經，爲縣鄉嗇夫，官至司隸。

眭弘：從嬴公受春秋，以明經爲議郎，至符節令。

夏侯始昌：通五經，武帝選爲昌邑王太傅。

夏侯勝：從始昌受尚書，徵爲博士。官至太子太傅。

京房：治易，以孝廉爲郎，後出得刺史。

翼奉：治齊詩，惇學不仕，徵待詔宦者署。後爲博士諫大夫。

李尋：治尚書，丞相翟方進除爲吏，後爲黃門侍郎。

王尊：事師郡文學官，治尚書、論語，爲郡決曹史，後官京兆尹。

蓋寬饒、諸葛豐：均以明經爲郡文學，後均官至司隸校尉。

孫寶：以明經爲郡吏，官至大司農。

谷永：少爲長安小吏，後博學經書，御史大夫繁延壽除補屬，後官至大司農。

龔遂：以明經爲官，至昌邑郎中令，後官至水衡都尉。

召信臣：以明經甲科爲郎，官至少府。

梅福：爲郡文學，補南昌尉。②

這種通經爲吏，便是後世明經取士的權輿。但方望溪文集書儒林傳後評云：「弘之興儒術也，則誘以利祿，……由是儒之道汚，禮義亡，而所號爲文學者亦與古異矣。」又云：「由弘以前，儒之道雖鬱滯而未嘗亡，由弘以後，儒之途通而其道亡矣！」皮錫瑞認爲方氏持論雖高，但其說未必正確，他說：「欲興經學，非導以利祿不可。」③以利祿來帶動經學研究的風氣，純屬是一種鼓勵性質，不可隨意厚非。

經學博士的設立，乃爲了達到儒術統一的權宜之策，儒者由此而通經致用。董仲舒作春秋決獄，可說是漢代通經致用的具體表現，這也是促成經學發達很重要的因素。近來有部分學者對通經致用問題有所疑義，乃因未能眞正了解漢人之學術思潮而產生誤解。不知當時之研治經學，特別重視教化，因而讀經當然是以實用爲第一。那麼以春秋決獄，以洪範察變，以禹貢治河，以三百篇當諫書，也都是極自然的事。

以春秋決獄如：

武帝征和二年（西元前九一年），發生巫蠱之禍，太子據自殺，但有人謠傳他沒死。通鑑昭帝始元四年（西元前八十三年）云：「有男子乘黃犢車詣北闕，自謂衞太子，公車以聞。詔使公、卿、將軍、中二千石雜識視。長安中吏民聚觀者數萬人。右將軍勒兵闕下以備非常。丞相、御史、中二千石至者並莫敢發言。京兆尹不疑後到，叱從吏收縛。或曰：『是非未可知，且安之！』不疑曰：『諸君何患於衞太子！昔蒯聵（衞靈公太子）違命出奔，輒（聵子）距而不納，春秋是之。衞太子得罪先帝，亡不卽死，今來自詣，此罪人也！』遂送詔獄。天子與大將軍霍光聞而嘉之曰：『公卿大臣當用有經術，明於大誼者。』由是不疑名聲重於朝廷，在位者皆自以不及也。」

以洪範察變如：

昭帝死，霍光立昌邑王劉賀。夏侯勝以洪範察知其將被廢立。通鑑云：「王出遊，光祿大夫魯國夏侯勝當乘輿前諫曰：『天久陰而不雨，臣下有謀上者。陛下出，欲何之？』王怒，謂勝爲祆言，縛以屬吏。吏白霍光，光不舉法。光讓安世，以爲泄語。安世實不言，乃召問勝。勝對言：『在鴻範傳曰：「皇之不極，厥罰常陰，時則有下人伐上者。」惡察察言，故云「臣下有謀。」』光、安世大驚，以此益重經術士。」

以禹貢治河如：

武帝元光三年（西元前一三二年），黃河在瓠子口決口。通鑑云：「元封二年（西元前一〇九年），初，河決瓠子，後二十餘歲不復塞，梁、楚之地尤被其害。是歲，上使汲仁、郭昌二卿發卒數萬人塞瓠子河決。天子自泰山還，自臨決河，沈白馬、玉璧于河，令群臣、從官自將軍以下皆負薪，卒塡決河。築宮其上，名曰宣防宮。導河北行二渠，復禹舊迹，而梁、楚之地復寧，無水災。」

以三百篇當諫書如：

昌邑王劉賀被迎立爲王後，行爲荒淫無度，後被廢。通鑑云：「昌邑王既立，淫戲無度。昌邑官屬皆徵至長安，往往超擢拜官。相安樂遷長樂衞尉。龔遂見安樂，流涕謂曰：『王立爲天子，日益驕溢，諫之不復聽。今哀痛未盡，日與近臣飲酒作樂，鬪虎豹，召皮軒車九旒，驅馳東西，所爲誖道。古制寬，大臣有隱退；今去不得，陽狂恐知，身死爲世戮，奈何？君，陛下故相，宜極諫爭！』王夢青蠅之矢積西階東，可五六石，以屋版瓦覆之，以問遂，遂曰：『陛下之詩不云乎：「營營青蠅，止于藩。愷悌君子，毋信讒言。」陛下左側讒人衆多，如是青蠅惡矣。宜進先帝大臣子孫、親近，以爲左右。如不忍昌邑故人，信用讒諛，必有凶咎。願詭禍爲福，皆放逐之！臣當先逐矣。』王不聽。」以後昌邑王被廢，其舊臣多人被判死罪，龔遂因曾引詩經諫王，因此，得以減死一等。

通鑑又云：「師王式（昌邑王太傅）繫獄當死，治事使者責問曰：『師何以無諫書？』式對曰：『臣以詩三百五篇朝夕授王，至於忠臣、孝子之篇，未嘗不爲王反復誦之也；至於危亡失道之君，未嘗不流涕爲王深陳之也。臣以三百五篇諫，是以無諫書。』使者以聞，亦得減死論。」

以上通經致用之說，乃是儒術統一以後，存於一般士人的普遍觀念，也是當時研經的一大特色。上面所舉的例子，皆偏重於政治上的實際應用。其實「通經致用」的含義很廣，就有如後人所說的「經世濟民」、「學以致用」，即利用經學的道理，以修身治國，待人處世，而不只是死讀經書而已。

群經可以說是民族生命文化生命的結晶，它所蘊含的道理，具有超越性、共同性和普遍性。我們從經書中，除了可以了解古代聖人的治國理想，和政治措施外，它更是研究古代史最珍貴的資料，例如根據尙書可以研究虞、夏、商、周的歷史，司馬遷寫史記，有關五帝、三代史的撰寫，便充分利用了尙書的資料。又如儀禮是記載古代的禮節，周禮是記載古代理想的官制，都是研究古代禮俗和政治史的重要資料。春秋左傳更是一部敍述詳細完整的歷史著作，它比較有系統完備的記述了春秋時代各國的政治、經濟、軍事和文化等方面的一些事件，是研究春秋社會很有價值的歷史文獻。又詩經雖然是我國古代一部詩歌的總集，但它所包括歷史性的資料也很多，反映了西周初期到東周中葉，前後約五百多年，當時社會的各個層面，所以它雖然不是歷史書，但卻極富有歷史的價值。另外詩經三百零五篇，都是先民最優秀的文學作品，更影響了我國以後韻文的發展。就是左傳在文學上的成就也很大，如它善於用簡括的手筆，寫出複雜的事物，對人物的刻劃，細膩生動，是後世歷史著作和敍述散文最佳的典範。基於以上種種原因，再加上經書那種顚撲不破的眞理，所以董仲舒才建議武帝：「諸不在六藝之科，孔子之術者，皆絕其道，勿使並進。」從此以後，六經便成爲中國文化的重要部分，也是我們民族發皇的最高準則。四庫全書總目提要說：「夫學者研理於經，可以正天下之是非；徵事於史，可以明古今之成敗。」所以通群經而後徵諸史，便成了古人作學問的層次。經學在學術上也具有無尙的權威，四書五經，更是萬千學子耳熟能詳的讀物。使漢以後二千年之歷史，有形無形之間，無不以儒家所承接之經學文化系統爲國教，其爲國教也，亦非有若何明文之規定，此乃自然爲經世之常道，不可移也。④於此，可以看出董仲舒罷黜百家，獨尊儒術，表彰六經之建議，其目光至爲遠大。

參、集陰陽五行說之大成

董生是集陰陽五行學說之大成者，因而使陰陽五行成爲西漢思想的一大潮流。陰陽五行說大概起於騶衍和燕、齊方士，以後和儒家合流，而成爲漢代學術的骨幹。董仲舒治公羊春秋「始推陰陽爲儒者宗」，可稱是集陰陽五行說之大成。它對漢代的政治、學術、社會、民間風俗影響很大，其勢力幾乎可與儒家學說分庭抗禮。班固將西漢有關陰陽五行部分蒐集在漢書五行志中，多達五卷，可看出五行說在西漢盛行之一斑。

一、對政治之影響

陰陽五行說對政治的實際影響，有五德終始說、三統說和明堂說。前二者在本書第三章已有論述。而在董仲舒以後，有人就根據董氏的符命說，推出了王位轉移的禪讓問題，其中最顯著的有下面數個例子：

昭帝元鳳三年（西元前七八年），春，正月，泰山有大石自起立；上林有柳樹枯僵自起生，有蟲食其葉成文，曰「公孫病已立」。符節令魯國眭弘上書，言：「大石自立，僵柳復起，當有匹庶爲天子者。枯樹復生，故廢之家公孫氏當復興乎？漢家承堯之後，有傳國之運，當求賢人禪帝位，退自封百里，以順天命。」弘坐設妖言惑衆伏誅。——通鑑昭帝紀

又宣帝神爵二年，司隸校尉蓋寬饒奏封事。謂：韓氏易傳言：「五帝官天下，三王家天下。家以傳子孫，官以傳賢聖。」書奏，廷議以「寬饒旨意欲求禪，大逆不道。」遂下吏，寬饒自剄北闕下。——通鑑宣帝紀

孟子滕文公篇云：「以天下與人易，爲天下得人難。」其實以「天下與人」，亦非易事，所以帝王既得的權位，除非像堯舜那樣的賢君，當然不可能就輕易禪讓與人，眭弘的被殺，蓋寬饒的自剄，乃由於自己的愚蠢。眭弘本受春秋於嬴公，是董仲舒的再傳弟子，他要昭帝「退封百里，如二王後。」卽依歷史演變的三統說而言。但此禪讓之道既然行不通，只好加以修正，而又有所謂再受命之說，謂漢氣運雖盡，但上帝還許其再受命，哀帝曾因此而改元改制，但此說終究挽救不了頹局，王莽更利用陰陽五行之說，以禪讓爲由，而

行篡奪之實，如在漢書郊祀志，向、歆父子，爲了滿足王莽慾望，又排了一個新的五德終始說：

木	太皞伏羲氏	帝嚳	周
閏水	共工	帝摯	秦
火	炎帝神農氏	帝堯	漢
土	黃帝軒轅氏	帝舜	新（王莽）
金	少皞金天氏	夏禹	
水	顓頊高陽氏	商湯	

若此，王莽篡了位以後，在五帝德中便有了根據，而且還以土德自居黃帝之後，以表示他的尊貴。在王莽居攝三年之時，有梓潼人哀章，假造了二個銅匱，一曰「天帝行璽金匱圖」，一曰「赤帝璽某傳予皇帝金策書」。於是王莽便藉應天命下詔曰：「……以十二月朔，癸酉爲始建國元年正月之朔，以鷄鳴爲時，服色配德上皇，犧牲應正用白，使節之旄幡皆純黃，其署曰『新使五威節』，以承皇天上帝威命也。」（見通鑑）王氏終於借五帝德之命，而作了眞皇帝。

明堂說也是「陰陽五行」、「天人相應」思想下的產物，在呂氏春秋十二紀、禮記月令、淮南子時則訓中對這種制度記載甚詳，但各書所記稍有差異，大概是說天子應依月住一特別屋子，東西南北各有一正廳，又有二廂房，共計十二個，天子每月換一住所，而做該月之行事，在院子中央有一大廳，以配五行居中之土德，每年就依此循環不已。這或許是一很理想的制度，但不知當時國君，眞的照此做了沒有。

二、對社會風俗之影響

漢代人士，篤信陰陽五行之說，以陰陽消息之道，五行相生相剋之理，應用於一切日常行事上，如時令、方位、食物、衣服、色彩、人體器官等，也都配上五行。無形之中它對人類的行爲便具有一股很大的約束力。五行學說也就成爲社會的共同信仰，許多類似宗教的迷信，亦由此衍化而出。上至國家興衰，下至個人吉凶福禍，都可以歸到陰陽五行的系統內，若此，不免流於迷信而不可思議。武帝雖然是位雄才大略的君主，但其思想亦深受五行說所左右。他封泰山、禪梁父，以封禪作爲登天必由之徑，又禮敬五帝，以泰一爲最尊，他信神仙、信方士，置神君於宮內。⑤他想長生不死，於是做出了一些今人看來十分荒謬的舉止，如巫蠱之禍的發生⑥，可說是天大的笑話。至於民間在這種思想的籠罩下，也盛行著占卜、龜著、星象、望氣、求仙，以及一些以陰補陽，以陽補陰的房中術……等，這些都是古人利用陰陽五行，對偉大神祕的大自然現象的一種附會解釋。

三、對學術之影響

在儒家的經典裡已有了陰陽五行的影子，到了西漢，儒家與陰陽關係更密不可分，不但董仲舒以此解春秋經，韓嬰詩傳亦深受其影響。韓詩外傳云：

「天地有合，則生氣有精實；陰陽消息，則變化有時美……陰陽相反，陰以陽變，陽以陰變，故男八月生齒，八歲而齠齒，十六而精化小通。女七月生齒，七歲而齔齒，十四而精化小通。是故陽以陰變，陰以陽變。」

又孟喜說易，以六十四卦三百六十四爻配一年中四時、十二月、二十四氣、七十二候、三百六十五日的系統，顯然是受了陰陽五行說的影響。元、成間，京房、翼奉治易、治齊詩，盛言災異。牟宗三先生云：「凡言災異，大抵以陰陽五行易卦節氣之說比附人事：或言政治得失，或卜個人之休咎，或推王運之盛衰，或議制度之改創。自孝武重儒後，儒生之理想寄于此者佔大半矣。」⑦可知漢時以陰陽五行解經之風十分普遍。又如：

夏侯始昌魯人也。通五經。以齊詩、尚書教授。自董仲舒、韓嬰死後，武帝得始昌，甚重之。始昌明于陰陽。——漢書夏侯始昌傳。

又哀平時李尋，字子長，平陵人也。治尚書。與張孺、鄭寬中同師。寬中等守師法，教授。尋獨好洪範災異，又學天文月令陰陽，事丞相翟方進。方進亦善爲星曆。——漢書李尋傳。

所以漢書傳四十五班固贊曰：「漢興，推陰陽，言災異者，孝武時有董仲舒、夏侯始昌。昭、宣則眭孟、夏侯勝。元、成則京房、翼奉、劉向、谷永。哀、平則李尋、田終術。」劉向又作洪範五行傳論，⑧完全是陰陽五行的說法。緯書之興，也是經書與陰陽五行說雜揉下的產物。如詩緯氾歷樞稱詩有四始五際云：

「大明在亥，水始也；四牡在寅，木始也；嘉魚在巳，火始也；鴻雁在申，金始也。」

——玉函山房輯佚書

把詩經大明、四牡、嘉魚、鴻雁四篇，作爲水、木、火、金之始，即採用五行家的說法，所以緯書也是來自陰陽五行，待下節再詳爲討論。漢書藝文志數術略、方技略著錄的許多書籍，與陰陽五行說都有或多或少的關係，所以說西漢儒家的學術，已經是陰陽五行化了。

肆、開後世義理學派之宗

中華學術的內涵，清末大儒朱次琦把它分爲「考據」、「義理」、「經世」、「詞章」

四項，而義理之學是重在思想理論的闡揚。由於董氏對於群經的推崇，使經學成爲中華學術的重心，經的精神也就是中華文化的精神。唐堯、虞舜、夏禹、商湯、周文王、周武王、周公以至於孔子，這些歷史上偉大人物的思想，都表現於周易、尙書、詩經、三禮、春秋、孝經、論語等經書中。

前漢說經主今文，重在微言大義，不專於名物訓詁，因爲那時經書剛復見於世，許多理論都尙在醞釀階段，又參考資料缺乏，於是諸家各抒己意，當然個人見解爲多，如董仲舒作春秋繁露，發明春秋義法，且深於天人性命之學。因此在三傳中特別重視公羊學，而公羊傳詁經就以發明義理爲主，這雖然是時代風尙，但因董氏堪稱得上是漢初學術界的領導人物，所以他的思想學說不管對當時或後世，影響皆極爲深廣，乃開後日宋學之先河。

到了後漢，許多經學家以章句訓詁爲務，如後漢書崔駰傳：「（駰）年十三，能通詩、易、春秋，博學有儁才，盡通古今訓詁百家之言。」又鄭興傳：「天鳳中，將門人從劉歆講正大義，歆美興才，使撰條例，章句傳詁。」尤其是馬融、鄭玄更是訓詁大師。爾雅正義序云：「馬融、鄭玄之易注、書注，以及諸經舊說，薈萃群書，尙存梗概，聚證雅訓，詞意瞭然。」後世所謂的漢學派，即指東漢馬融、鄭玄之學風而言，這與西漢說經有很大的不同。

經學到了宋明時，因受了老莊及佛學禪宗的影響，發展成理學，他們談心性，談理慾，雖以專明義理爲尙，但仍不離經書之大義，其說與漢初的學術爲近。其實義理派與訓詁派在兩漢時壁壘已漸形成。皮錫瑞經學歷史云：「治經必宗漢學，而漢學亦有辨。前漢今文說，專明大義微言；後漢雜古文，多詳章句訓詁。章句訓詁不能盡饜學者之心，於是宋儒起而言義理。此漢、宋之經學所以分也。惟前漢今文學能兼義理訓詁之長。」入清以後，漢、宋二派斷斷焉爭論不已。宋學派指漢學家之名物訓詁流於瑣碎，漢學派亦駁宋學家之性命義理流於空疏。呂祖謙近思錄云：「今之治經者亦衆矣，然而買櫝還珠之蔽，人人皆是，經所以載道也，誦其言辭，解其訓詁，而不及道，乃無用之糟粕爾。」這乃針對那些訓詁考據家之流弊而言。吾人今日研經，誠未宜置訓詁名物於不講，而微言義理亦不可薄爲空疏，二者須兼權互濟，才是研經之正途。但我們在談義理之時，不可忘記開此風氣之董仲舒。徐復觀先生云：「董生把陰陽家五德運會的，盲目演進的自然歷史觀，轉移爲政治得失上的反應；於是朝代的廢興，依然是決定於人事而不是決定於天命。這便從陰陽家的手中，把政治問題還原到儒家人文精神之上。陰陽五行之說，本是出於人類對自然及歷史作進一步解釋的要求；這是中國初期的形上學。但此種形上學一開始便和人事現象糾結在一起，這一方面說明中國文化太注重實用的基本性格，在此種基本性格之上，形上學不能完成純理論的發展，所以不能建立一種像樣的形上學，以叩開理論科學之門。另一方面，由於中國人文精神之深化而來的心性之學，也常因此種夾雜而受其拖累。董生在仁義禮智的德目中增入『信』的德目而稱為『五常』，以與五行相配合；更由陰陽五行之說，而得出『道之大原出於天，天不變，道亦不變』的結論。把人類行為的準則，向客觀的普遍妥當性這一方面，推進了一大步。這兩點一直影響到宋明的理學。」⑨清末康有為是今文義理派的大師，他探本經術，創發新理，亦溯源於董氏，作春秋董氏學。所以稱董仲舒為義理宗派之開創者，並不足為過。

伍、災異說對當時的吏治有重大的影響

災異是天人交感的一種現象，乃上天有意以此來儆人君。董仲舒在其雨雹對說：「政多紕繆，則陰陽不調，風發屋，雨溢河，雪至牛目，雹殺驢馬。」董氏曾因言災異差點送了命，但此說仍盛行於兩漢，對於當時的吏治發生了實際的作用。它雖然無稽，但不可視其為迷信。唐君毅先生說：「在中世紀之宗教道德之觀念下，自然之災害亦由人之罪惡所致，亦由神之罰。現代人全不解，說他是迷信。迷信也許是迷信。但你只以為他是迷信，則只見你之淺薄。須知說自然之災害是由人之罪惡，卽認定人之德行，須對宇宙負責，認定精神在外受了阻抑，便當向內用，以反省自己之罪，去除自己之罪。說自然之災害，是人之罪惡，是出

自一最嚴肅之道德責任感的話。」⑩所以董生言災異，態表是極爲謹嚴，甚至武帝以後昭、宣、元、成、哀、平諸帝，亦無不如此。周紹賢先生論災異說對當時吏治的影響，有極扼要的敍述。李漢三先生在其陰陽五行對兩漢政治之影響一文中，論述也十分詳盡。⑪玆將重要者，條分六項，略述如下：

一、帝王以災異下詔罪己，並因此廣施仁恩

古代凡天災地變，或自然一些反常的現象，如日蝕、地震、冬雷、夏旱等，對於國事來說，都具有莫大的意義，所以史官皆不厭其煩，必加書之，如春秋記日蝕就有三十餘次，其他史記、漢書等史書亦然。國君常以此而下詔罪己，悔過自新，進而施仁恩於天下。在呂后七年，文帝二年、後元年，都曾因災異而頒佈罪己之詔。武帝以後，根據資治通鑑的記載，也有這種情形。如：

宣帝地節三年（西元前六七年），冬，十月，詔曰：「乃者九月壬申地震，朕甚懼焉。有能箴朕過失，及賢良方正直言極諫之士，以匡朕之不逮，毋諱有司！朕既不德，不能附遠，是以邊境屯戍未息。今復飭兵重屯，久勞百姓，非所以綏天下也。其罷車騎將軍、右將軍屯兵。」

又哀帝元壽元年（西元前二年），春，正月。「日有食之。上詔公卿大夫悉心陳過失；

又令舉賢良、方正、能直言者各一人。大赦天下。」

帝王以災異出現，而下詔罪己，大赦天下，這是早期在政治上對災異的反應，它代表對上天的敬畏，在內心是具有一種嚴肅感的。

二、大臣以災異上疏自劾

朝中大臣是負實際的行政責任，因此遇有災異，大臣亦難辭其咎，常上疏自劾。如元帝永光元年（西元前四十三年）通鑑云：

「九月，隕霜殺稼，天下大饑。丞相于定國，大司馬、車騎將軍史高，御史大夫薛廣德，俱以災異乞骸骨；賜安車、駟馬、黃金六十斤，罷。」

此外，如成帝建始四年（西元前二十九年），御史大夫尹忠因黃河決口，憂職而自殺。又哀帝時，災異屢見，丞相平當臥病，帝欲封當，當不受，上書乞骸骨。王莽時，大司空王邑以地震上書乞骸骨。這些都是大臣見災異而歸罪於己，以表示負責的態度。

三、天子每以災異罪責大臣，甚至免大臣之職

西漢自元帝以後，帝王對於災異的反應慢慢變了質，常藉災異責備大臣，或免其職，或欲大臣自殺以安民心。如：

元帝永光四年（西元前四十年），戊寅晦，日有食之。上於是召諸前言日變在周堪、張

猛者責問，皆稽首謝。——通鑑元帝紀

又成帝綏和二年（西元前七年），時熒惑守心，丞相府議曹平陵李尋奏記方進，言：「災變迫切，大責日加，安得保斥逐之戮！闔府三百餘人，唯君侯擇其中，與盡節轉凶。」方進憂之，不知所出。會郎賁麗善爲星，言大臣宜當之。上乃召見方進。還歸，未及引決，上遂賜册，責讓以政事不治，災害並臻，百姓窮困，曰：「欲退君位，尚未忍，使尚書令賜君上尊酒十石，養牛一，君審處焉！」方進即日自殺。

成帝因災異而暗示丞相翟方進自殺以謝國人，實則有推卸責任之嫌。本來朝政有過失，大臣當然不能塞責，但國君應自我檢討，始爲負責之表現。

四、大臣因災異上書言得失

帝王因災異而下詔罪己外，有時又徵賢良方正，能言極諫之士，上書言應變之術。如：

宣帝本始四年（西元前七〇年），夏，四月，壬寅，郡國四十九同日地震，或山崩，壞城郭、室屋，殺六千餘人。北海、琅邪壞祖宗廟。詔丞相、御史與列侯、中二千石博問經學之士，有以應變，毋有所諱。——通鑑宣帝紀

宣帝地節三年（西元前六七年），京師大雨雹，大行丞東海蕭望之上疏，言大臣任政，一姓專權之所致。——通鑑宣帝紀

又成帝時，以王鳳爲大將軍，王氏寖盛，災異數見，南昌尉梅福，已去官歸里，上疏謂：「今見地震，三倍春秋。漢興以來，社稷三危，呂、霍、上官，皆母后之黨也，尊寵其位，使之驕逆，至於夷滅，此失親親之大者也。勢陵於君，權隆於主，然後防之，亦無及矣。」帝不納。——漢書梅福傳

又成帝建始三年（西元前三十年），十二月，戊申朔，日有食之。其夜，地震未央宮殿中。詔舉賢良方正能直言極諫之士。杜欽及太承丞谷永上對，皆以爲後宮女寵太盛，嫉妒專上，將害繼嗣之咎。——通鑑成帝紀

又成帝元延元年（西元前十二年），上以災變，博謀群臣。北地太守谷永對曰：「王者躬行道德，承順天地，則五徵時序，百姓壽考，符瑞並降；失道妄行，逆天暴物，則咎徵著郵，妖孽並見。」——通鑑成帝紀

大臣以災異，上疏言政治得失，借以革新朝政，匡正國君行爲，在政治上具有積極之作用。

五、假借災異以行事，或作爲政爭之武器

災異說到了晚期，其應變的伸縮性加大。如大臣常以災異自劾，但如君臣之間相知無間，君王可以「罪在政躬」，而加以挽留，將大事化小，小事化無。如：

成帝建始元年（西元前三二年），壬子，封舅諸吏、光祿大夫、關內侯王崇爲安成侯；賜舅譚、商、立、根、逢時爵關內侯。夏，四月，黃霧四塞，詔博問公卿大夫，無有所諱。諫大夫楊興、博士駟勝等，皆以爲「陰盛侵陽之氣也。高祖之約，非功臣不侯；今太后諸弟皆以無功爲侯，外戚未曾有也，故天爲見異。」於是大將軍鳳懼，上書乞骸骨，辭職，上優詔不許。——通鑑成帝紀

反之，本與災異風馬牛不相關之事，亦可假借災異來攻擊政敵，以遂其政治上之目的。如：

楊惲爲宰相敞之子，宣帝時以預發霍禹謀反而封侯。爲人廉潔無私，然性刻害，好發人陰伏，由是多怨。太僕戴長樂控告其以戲言輕視皇上，帝不忍誅，廢爲庶人，會日食之變，或上書告惲「驕奢不悔過，日食之咎，此人而致」，下延尉案罪，帝見惲與孫會宗書，多牢騷語，惡之，乃處以腰斬之刑。——漢書楊惲傳

成帝河平三年（西元前二六年）、四年，陽朔元年，連歲日食，言事者頗歸咎於外戚王鳳，光祿大夫谷永黨於王氏，而謂連年日食，咎在後宮，竟使許皇后坐廢。——漢書谷永傳

六、借災異以起事

有心之人，除利用災異出現之機會以攻擊怨敵外，有時更借某種災異，而作爲起事造反的藉口。如：

武帝建元六年（西元前一三五年），彗星出，淮南王安以爲天下當起兵，乃大治軍備，諸辯士爲方略者，乃作妖言以諂諛王，王喜，竟謀反。——漢書淮南衡山濟北王傳

王莽地節四年，衞將軍王涉勸劉歆用道士西門君惠「孛星掃宮室，劉氏當復興」之讖，起而誅莽安劉，大司馬董忠亦勸歆起義，歆曰「當待太白星出，乃可」，遲遲不發，事洩，敗之。——漢書王莽傳

光武中興以後，許多政治措施，仍然受此思想之支配。

董氏在其「道之大原出於天」之原則下，言春秋多災異，借此來警戒國君，也就是詩經周頌所說「畏天之威」之意。他說：「刑罰不中，則生邪氣。」「上下不和，則陰陽繆戾而妖孽生矣！」以此來範圍國君的行爲，是帶有積極的意義。如國君遇災異下詔罪己，大臣悔過自劾，或上疏言得失，君臣藉此以修身治國，造福百姓，這是災異說最大的貢獻。但若不分青紅皀白，每遇災異則免大臣之職，或示意大臣自殺，使大臣成了代罪羔羊，或借題發揮，攻擊異己，或起來造反，則失其意義矣。

陸、為讖緯學之先導

讖之得名，由於「籙圖書」而來，卽河圖洛書，讖者驗也。說文云：「讖，驗也，有徵驗之書，河洛所出書曰讖。」後漢書張衡傳也說：「立言於前，有徵於後，謂之讖。」簡單的說，就是對未來所作的預言，而預言又有所應驗，便叫作讖。緯者，卽緯書，一般都認為與「經」相對，用來輔佐經義的不足。是讖緯本有區別，困學紀聞卷八翁元圻注云：「學者都稱讖緯，其實讖自讖，緯自緯，非一類也。……緯也者，經之支流，衍及旁義，……讖也者，詭為隱言，預示吉凶。」但事實上讖、緯並沒有什麼不同，既有不附經的緯，也有附經的讖。⑫二者可說是把當時一些術數觀念，提高到經的地位，在形式上雖有差異，但在實質上並無不同。

讖緯之說，一般學者都主張起於哀平之際，其實這種思想的來源甚早，可以上推至戰國時候的騶衍及燕齊方士。據史記趙世家，說秦穆公時，已有讖語，賈誼鵩鳥賦也說：「發書占之，讖言其度。」伏生談洪範五行，董仲舒論天人相與，這些都可以說是讖緯的先導。像秦、漢人所談的瑞應、災異，都是構成日後讖緯的基本材料。如：

黃帝見大螾，禹時草木不枯，商湯見金刄於水，周文王見赤烏銜丹書。——呂氏春秋應同

篇

昔秦文公出獵，獲黑龍，此其水德之瑞。——史記封禪書

始皇三十二年，盧生奏錄圖書曰：「亡秦者胡也。」——史記秦始皇本紀

這些思想在民間相當普遍，且被一些野心家所利用。如漢書陳勝傳云：

「丹書帛曰：『陳勝王』，置人所罾魚腹中。卒買魚享食，得書，已怪之矣。又間令廣之次所旁叢祠中，夜構火，狐鳴呼曰：『大楚興，陳勝王。』卒夜皆驚恐。」又高帝紀也說：

「高祖被酒，夜徑澤中，令一人前行，行前者還報曰：『前有大蛇當徑，願還。』高祖醉，曰：『壯士行，何畏！』乃前，拔劍斬蛇。蛇分為兩，道開。行數里，醉困臥。後人來至蛇所，有一老嫗夜哭。人問嫗何哭？嫗曰：『人殺吾子。』人曰：『嫗子何為見殺？』嫗曰：『吾子，白帝子也，化為蛇，當道，今者赤帝子斬之，故哭。』人乃以嫗為不誠，欲苦之，嫗忽不見。」

在這段話中，已預言劉邦是未來的天子。至於緯書一些說法，在董仲舒的思想中，也可以看出一些蛛絲馬迹。如禮緯含文嘉稱君臣、父子、夫婦為三綱。這是最早提出三綱的說法。但繁露基義篇也說：「天為君而覆露之，地為臣而持載之。陽為夫而生之，陰為婦而助之。春

爲父而生之，夏爲子而養之，秋爲死而棺之，多爲痛而喪之。王道之三綱，可求於天。」此「王道之三綱」，卽上天之綱常。董氏雖未明言三綱之名稱，但可以看出此三綱，就是禮緯含文嘉所指的君臣、父子、夫婦三者。所以讖緯者也是「天人交感」思想下的產物，本來與經書並不發生關係，但自董仲舒等建議漢武帝罷黜百家，獨尊儒術以後，五經便成了一般讀書人的教科書，也是進身之階梯，有心人爲了達到某種目的，便利用社會一般人所愛好的讖緯，來比附經書，於是諸經皆有緯——易緯、詩緯、書緯、樂緯、春秋緯、孝經緯。使經義也染上了迷信的色彩。

宣帝、元帝時，讖緯已慢慢形成了勢力。但把它作有系統整理，時間大概不會太早，因爲在向、歆七略中，尙無讖緯圖書之著錄。到了哀、平之際，因社會不安定，所以此說大爲盛行，各種符命、圖書層出不窮。內容包括了釋經、天文、歷法、神靈、地理、史事、文字、典章制度等方面，相當複雜。⑬王莽則大加利用，以達其篡位之野心。如平帝死，二歲孺子嬰卽位，通鑑云：「是月，前煇光謝囂奏武功長孟通浚井得白石，上圓下方，有丹書著石，文曰：『告安漢公莽爲皇帝。』」這是符命，也就是王莽可當皇帝之讖。漢書王莽傳云：「始建國元年，……秋，遣五威將王奇等十二人班符命四十二篇於天下。德祥五事，符命二十五，福應十二，凡四十二篇。其德祥言文、宣之世黃龍見於成紀、新都，高祖考王伯墓門梓柱生枝葉之屬。符命言井石、金匱之屬。福應言雌鷄化爲雄之屬。其文爾雅依託，皆爲作說，大歸言莽當代漢有天下云。」

可知讖緯與符命之說的關係極爲密切。而王莽利用此說旨在實現其得天下之私慾，與早先方士之符讖已有不同。王莽傳又云：

「是時爭爲符命封侯，其不爲者相戲曰：『獨無天帝除書乎？』司命陳崇白莽曰：『此開姦臣作福之路而亂天命，宜絕其原。』莽亦厭之，遂使尚書大夫趙並驗治，非五威將率所班，皆下獄。」

符讖到底是什麼一回事？讀了這段話，已極爲顯然，王莽爲了自己的利益，可以假造它，但却不許別人利用它，已無古代方士對天道那種崇拜與尊嚴。王莽雖由讖緯而起，但也因讖緯而終。我們可以看出讖緯的無稽，但它對兩漢的學術、政治、社會却具有莫大的影響。光武中興，這種學說仍然盛行，馬融、鄭玄注經，亦不能免於此，可見其勢力之大。

柒、天人策議促成武帝政治的改革

董仲舒的天人對策，在當時政治上起了很大的作用，在本書第三章儒家政治理想一節中，已有論述。現在僅就學術方面的政治改革，依錢穆先生之說，⑭略述如下：

一、設立五經博士

博士之官，戰國時已有之。秦有博士七十人，掌通古今，備問對。漢承之。武帝從董仲舒之請，罷黜百家，只立五經博士，從此博士一職，漸漸從方技神怪旁門雜流中解放出來，純化爲專門研治歷史和政治的學者。他們雖不參加實際政務，但常得預聞種種政務會議。因此他們漸漸對政治發生重大的影響。

二、爲博士設立弟子員

當時額定五十人。能通一藝以上，得補吏。高第可以爲郎中。自此漸有文學入仕一正途，代替以前之任廕與貲選。士人政府由此造成。

三、立郡國長官察舉屬吏的制度

博士弟子以考試中第，補郡國吏。再從吏治成積得察舉爲郎。從此再入中央仕途。此制與博士弟子相輔。

四、禁止官吏兼營商業

仲舒主張塩鐵開放人民開採，禁止官吏兼營商業。從此社會上新興的富人階級，漸漸轉向。儒林傳中人物，逐漸超過於貨殖傳。實爲武帝以下社會一大轉變。

五、打破封侯拜相之慣例

漢初宰相必用封侯階級。如蕭何、曹參、王陵、陳平、審食其、周勃、灌嬰、張蒼、申屠嘉，皆軍人也。陶青、周亞夫、劉舍皆功臣子嗣侯。其先亦軍人也。則漢初丞相，顯為軍人階級所獨佔。武帝始相公孫弘。以布衣儒術進。既拜相，乃封侯。此又漢廷政治一絕大轉變也。其先惟軍人與商人，為政治上兩大勢力。至是乃一易以士人。此尤見為轉向文治之精神。

中國讀書人，從董仲舒以後，由於上述制度的轉變，漸與政治發生密切關係，一來士人受到通經為吏的鼓勵，群趨經學，促成兩漢經學的發達，二來實際政治也因學者的參與，使政治漸受學術的指導，而具有新的面貌。

附注

①見牟宗三著歷史哲學第四部第二章仲舒對策，漢武更化。

②見錢穆作秦漢史第五章第二節儒術與吏治。

③見皮錫瑞作經學歷史——經學的昌明時代。

④同注①

⑤神君，史記封禪書云：「神君者，長陵女子，以子死，見神於先後宛若，宛若祠之其室，民多往祠，及今上（漢武帝）即位，則厚禮祠之內中。」武帝紀集解引韋昭曰：「即病巫之神。」

⑥巫蠱之禍，見在漢書傳二十二武五子傳。巫蠱是指巫以呪詛之術爲蠱以害人。漢武帝信方士，諸巫多聚京師，女巫往來宮中，教宮人度厄，每屋輒埋木人祭祀之；寖因妬忌恚詈，更相告訐，以爲祝詛，會帝病，江充言疾在巫蠱；乃以充爲使者，掘蠱宮中治其獄；充與太子據有隙，謬言太子宮得木人尤多；太子懼，矯節誅充，發兵反，兵敗自殺。後田千秋訟太子冤，得雪，復族充之家。史稱巫蠱之禍。

⑦同注①。

⑧漢書劉向傳：「成帝即位。……方精于詩書，觀古文，詔向領校中五經祕書。向見尚書洪範箕子爲武王陳五行陰陽休咎之應。向乃集合上古以來，歷春秋六國至秦漢，符瑞災異之記，推迹行事，連傳禍福，著其占驗，比類相從，各有條目，凡十一篇，號曰：洪範五行傳論。奏之，天子心知向忠精，故爲鳳兄弟起此論也。」

⑨見徐復觀作學術與政治之間—儒家對中國歷史運命掙扎之一例。

⑩同注①。

⑪見周紹賢作兩漢哲學第三章陰陽五行之說。李漢三作陰陽五行對兩漢政治之影響。

⑫見中央研究院史語所集刊十一本陳槃作讖緯溯源。

⑬見漢代學術史略（啓業書局）二十章讖緯的內容。

⑭見錢穆作國史大綱。

附錄一　西漢學術思想發展一覽表

西漢紀元	西元前	丞相	學術思想家	學術活動	國家大事	備註
高帝元	二〇六	蕭何		一、劉邦入關與秦民約法三章：「殺人者死，傷人及盜抵罪。」	一、秦子嬰降，項羽自立爲西楚霸王，立劉邦爲漢王。	
二	二〇五			一、漢王入彭城，叔孫通降漢，通儒服，漢王憎之，乃變其服，拜通爲博士。號稷嗣君。	一、項羽殺義帝。 二、漢王舉兵討項羽。	
三	二〇四				一、韓信大破趙軍。 二、楚范增卒。	
四	二〇三				一、韓信定齊。 二、漢王與楚平分天下，以鴻溝爲界。	

五	二〇二	蕭何			一、項羽自殺。 二、劉邦即皇帝位。	
六	二〇一			一、命博士叔孫通定朝儀。 二、楚元王交以穆生、白生、申培公爲中大夫。 三、曹參爲齊相國，以黃老術治齊。	一、貶楚王韓信爲淮陰侯 二、封弟交爲楚王	
七	二〇〇		一、賈誼生 二、公孫弘生	一、長樂宮成，諸臣依叔孫通所定朝儀入賀，高祖大悅，拜通爲奉常。	一、討韓王信，高帝被困平城。 二、長樂宮竣工，定都長安。	
八	一九九				一、蕭何營造未央宮	
九	一九八				一、與匈奴和親。	
十	一九七				一、高祖父太上皇崩。	
十一	一九六			一、陸賈上新語拜中大夫 二、陸賈第一次奉命出使南越。	一、呂后殺韓信、彭越。 二、立趙佗爲南越王。 三、淮南王英布反	
				一、陸賈以詩書說高祖	一、殺英布	

十二	一九五			二、高祖過魯，以太牢祠孔子。	二、燕王盧綰反，敗亡入匈奴。 三、高祖崩	
惠帝元	一九四				一、惠帝卽位，呂后殺戚姬。都長安城。	
二	一九三	曹參			一、蕭何卒	
三	一九二			一、匈奴冒頓致書高后，辭極褻嫚。	一、發長安附近民工，築長安城。與匈奴和親。	
四	一九一			一、除挾書禁律		
五	一九〇				一、相國曹參卒。	
六	一八九	王陵右丞相 陳平左丞相	張良卒		一、長安城成，周勃爲太尉。	
七	一八八				一、惠帝崩未央宮，呂太后臨朝稱制。	
呂后元	一八七	陳平 審食其			一、罷王陵相	
二	一八六				一、行八銖錢	

三	一八五				一、夏水泛濫，流民四千餘家。	
五 四	一八四				一、呂后廢少帝恭，幽殺之。立恒山王義為帝，呂后臨朝。	
五	一八三				一、南越王趙佗稱帝	
六	一八二				一、匈奴攻阿昜、狄道。 二、殺趙王，以呂產為梁王，呂祿為趙王。	
七	一八一					
八	一八〇	呂產 陳平			一、呂后崩，大臣誅諸呂，迎立代王恒。 二、周勃為大尉	
文帝元	一七九	陳平 周勃	一、賈誼任中大夫 二、司馬相如生 三、劉安生	一、賈生以為漢興至孝文二十餘年，天下和洽，宜改正朔，易服色，法制度，定官名，興禮樂，孝文初即位，謙讓未遑也。	一、陸賈第二次出南越，南越王去帝號，稱臣奉貢。	相如生年據姜亮夫歷代名人年里碑傳總表
				一、詔舉賢良方正直言進諫者。	一、陳平卒	

二	一七八	周勃		二、賈誼爲博士是年被謫長沙 三、盡陳收律相坐法 四、賈誼上論積貯疏		
三	一七七	灌嬰			一、匈奴右賢王率兵入寇，朝以和親安之。 二、淮南王劉長到長安朝見天子	
四	一七六	張蒼	陸賈死		一、灌嬰卒。周勃繫獄又釋	
五	一七五			一、賈誼作鵩鳥賦 二、更造四銖錢，除盜鑄令，賈誼上疏諫，帝不聽。		
六	一七四			一、賈誼從長沙回，乘夜在宣室與文帝討論鬼神問題。 二、賈誼上治安策爲梁懷王太傅。	一、淮南王劉長死	
七	一七三					
八	一七二			一、上封淮南厲王四子爲列侯，賈誼上「諫王淮南王諸子疏」。	一、封淮南四子	

九	一七一				一、夏大旱	
十	一七〇					胡適認爲陸賈死於此年
十一	一六九			一、賈誼上疏「請益封梁淮陽」又上「請封建子弟疏」，帝從之。	一、梁懷王墜馬死，遷淮陽王武爲梁王。	
十二	一六八		賈誼卒			
十三	一六七				一、除肉刑	
十四	一六六			一、鼂錯上書言兵書	一、匈奴老上單于將十四萬騎入朝那蕭關，遣張相如、欒布等往討。	
十五	一六五			一、鼂錯爲中大夫 二、帝親策賢良能直言極諫者 三、有黃龍見於成紀，文帝下詔議郊祀，召公孫臣爲博士，草土德時歷，改制更年。		

十六	一六四			一、郊祀五帝，方士新垣平以望氣見。 二、使博士諸生刺六經作王制，謀議巡狩封禪事。	一、三分淮南國，長子安為淮南王，勃為衡山王，賜為廬江王。	
文帝後元元	一六三			一、新垣平謀為逆，復行三族之誅（刑法志）。	一、誅新垣平	
二	一六二	申屠嘉			一、與匈奴和親 二、張蒼年老罷相	
三	一六一					
四	一六〇					
五	一五九				一、帝幸隴西	
六	一五八				一、匈奴入寇上郡雲中，以周亞夫等屯兵禦之。	
七	一五七			一、帝崩，遺詔令天下吏民短喪。	一、文帝薨，周亞夫為將軍。	
景帝元	一五六		夏侯勝生	一、十月，始議廟樂，尊高皇帝為太祖，文帝為太宗。	一、御史大夫陶青使匈奴結和親。	
二	一五五	陶青		一、晁錯為御史大夫 二、劉德為河間王	一、申屠嘉卒	

三	一五四		東方朔生	一、七國反，殺晁錯。		
四	一五三				一、立皇子榮爲太子，徹爲膠東王。	
五	一五二				一、遣公主妻匈奴單于	
六	一五一				一、梁孝王殺袁盎	
七	一五〇	周亞夫			一、廢太子榮爲臨江王，立徹爲太子。	
中元元	一四九			一、司馬相如撰子虛賦、美人賦。		
二	一四八				一、臨江王榮自殺	
三	一四七	周舍			一、周亞夫免相	
四	一四六				一、詔讞疑獄	
五	一四五		司馬遷生			
六	一四四				一、祠五祀，梁孝王卒，分梁五國，詔減笞法，匈奴入寇雁門。	
後元元	一四三	衞綰			一、周舍罷相 二、周亞夫死獄中	

二	一四二				一、匈奴再寇雁門，太守馮敬戰死。 二、詔勸農	
三	一四一				一、景帝崩，武帝卽位。	
武帝建元元	一四〇	竇嬰	一、董仲舒任江都相 二、終軍生	一、枚乘卒，嚴助爲中大夫。 二、詔舉賢良方正直言極諫之士。董仲舒上天人三策，爲江都相。 三、司馬談作太史公，掌天官。 四、秋七月，議立明堂，以趙綰、王臧言，遣使迎申公。	一、始建年號	
二	一三九	許昌		一、竇太后治黃老言，不好儒術，非薄五經，以事下趙綰、王臧獄。鹽鐵論云趙、王以儒術擢爲上卿。 二、淮南王安來朝，獻所作內篇，上愛之，使爲離騷傳。	一、衞子夫入宮 二、置茂陵邑，丞相嬰、太尉蚡免。	
三	一三八		東方朔爲大中大夫給事中	一、司馬遷隨父到長安，住茂陵誦讀。	一、閩越圍東甌，東甌告急，遣莊助救之，徙東甌民於江淮間。	

四	一三七				一、六月旱。以江都相鄭當時爲內史。	
五	一三六			一、置五經博士。儒術獨盛 二、司馬相如獻上林賦而爲郎	一、行半兩錢	
六	一三五	田蚡		一、因遼東高廟災，董仲舒居舍，著災異之記。主父偃上其書，下吏，旋赦之。	一、竇太后死 二、汲黯爲主爵都尉 三、閩越降	
元光元	一三四			一、帝親策賢良文學，令郡國舉孝廉各一人。 二、詔使從中大夫董仲舒受春秋 三、田蚡奏請抑黜黃老刑名百家言。延文學儒者數百人，而公孫弘以春秋白衣爲天子三公，封以平津侯，天下之學士靡然向風。	一、命李廣屯雲中，程不識屯雁門，以禦匈奴。	
二	一三三				一、上初至雍郊 二、開始伐匈奴，與匈奴絕和親。	

三	一三二				一、黃河改道，自頓丘入海，河水又決淮陽氾十六郡，發卒十萬救之。	
四	一三一	薛澤		一、相如出使巴蜀，作喻巴蜀檄。	一、竇嬰、田蚡死。	
五	一三〇		劉德卒	一、詔張湯定律令 二、公孫弘復徵以博士爲左內史	一、通西南夷 二、陳皇后廢 三、江都王上書願擊匈奴	
六	一二九			一、相如作長門賦及難蜀父老	一、主父偃、嚴安、徐樂上書言世務。 二、衛青爲車騎將軍，一出伐匈奴。	
元朔元	一二八			一、定不舉孝廉之罪	一、太子據生，衛子夫爲皇后。 二、衛青二出伐匈奴，立蒼海郡。	
二	一二七		主父偃被殺		一、衛青封侯，三出伐匈奴。收河南地，置朔方郡。 二、徙郡國豪傑於茂陵	

三	一二六		一、朱買臣為中大夫	一、董仲舒與韓嬰論於武帝前 二、相如作報卓文君書 三、張湯為廷尉，請博士弟子治尚書、春秋，補亭尉史，平亭疑法。	一、公孫弘任御史大夫，張湯為廷尉。 二、匈奴入寇雁門。	
四	一二五			一、公孫弘妒嫉董仲舒公羊學優於己，乃諫仲舒為膠西王相國。	一、匈奴入寇代郡、定襄、上郡，殺略數千人。	
五	一二四	公孫弘		一、司馬談撰著六家要旨 二、董仲舒出任膠西王相 三、夏六月，詔令禮官，勸學講議洽聞，舉經典遺逸者，置博士弟子員，大合天下之書，建藏書之策，置寫書之官，下及諸子傳說，皆充秘府。	一、衛青為大將軍，四出伐匈奴。	
六	一二三			一、公孫弘請為博士置弟子員。	一、霍去病為侯。衛青五出、六出伐匈奴。 二、張騫封博望侯。 三、淮南王安、衡山王賜等人謀反事被揭發。	錢穆以為置博士弟子員在前一年

元狩元	一二二		一、淮南王劉安自殺 二、嚴助卒	一、上思仲舒，使仲舒弟子呂步舒持斧鉞治淮南獄，以春秋義顓斷於外。還奏，上皆是之。 二、瑕丘江公治穀梁，上使與董仲舒議，不如仲舒。丞相公孫弘本爲公羊學，於是上因尊公羊家，詔太子受公羊春秋，由是公羊大興。太子既通，復私問穀梁而善之。	一、張騫出使西域	
二	一二一	李蔡	公孫弘卒	一、董仲舒免歸家。朝廷遣廷尉張湯就問，蓋自是不復出。	一、霍去病擊破匈奴，渾邪王降。	
三	一二〇			一、兒寬見上，語經學。上說之，從問尚書一篇，擢爲中大夫。	一、王太后卒 二、匈奴入寇右北平、定襄。	
四	一一九				一、衛青、霍去病爲大司馬，再出伐匈奴。 二、張騫再使西域 三、用桑弘羊置鹽鐵官	

五	一一八	嚴青翟		一、仲舒議論鹽鐵事	一、罷三銖錢，重鑄五銖錢。 二、丞相李蔡自殺	
六	一一七		司馬相如卒	一、相如遺有封禪文 二、遣博士之人巡行天下，存問鰥寡廢疾。	一、霍去病死	
元鼎元	一一六			一、仲舒大概死於此年前後	一、得寶鼎於汾水上	
二	一一五	趙周	一、朱買臣被殺 二、張湯死		一、置均輸，禁郡國鑄錢。 二、西域始通，置酒泉、武威二郡。張騫歸。	
三	一一四				一、匈奴烏維單于立 二、關東十餘郡饑	
四	一一三		終軍卒	一、天子郊雍，詔司馬談等議立后土祠于汾陰脽上。 二、封周後姬嘉爲周子南君		
五	一一二	石慶			一、張騫死。南越反。	
六	一一一				一、南越平，置九郡。 二、西羌平，西南夷平，置五郡。	

元封元	一一〇		司馬談卒	一、封禪泰山 二、派方士浮海求仙	一、置平準 二、東越降	
二	一〇九				一、伐朝鮮	
三	一〇八			一、司馬遷繼父談爲太史令，開始閱讀史記、石室金匱之書。	一、平朝鮮，置四郡。	
四	一〇七				一、帝北出蕭關幸河東，遣郭昌屯朔方。	
五	一〇六				一、巡狩於南，衞青死。	
六	一〇五				一、擊昆明，以宗室女嫁烏孫。 二、帝幸河東	
太初元	一〇四			一、司馬遷始作史記 二、造太初曆。祀上帝於明堂，以正月爲歲首，色尚黃，數用五。	一、李廣利伐大宛 二、建章宮立	
二	一〇三	公孫賀			一、李陵率領五校兵隨二師將軍李廣利之後出敦煌，至鹽水迎廣利還。	

三	一〇二				一、大宛降 二、匈奴句黎湖單于立	
四	一〇一				一、匈奴且鞮侯單于立。李廣利歸。	
天漢元	一〇〇			一、孔安國獻古文經傳，藏於秘府。	一、蘇武出使匈奴被留 二、桑弘羊爲大司農	
二	九九				一、李陵戰敗降匈奴 二、李廣利擊匈奴	
三	九八		司馬遷受腐刑		一、李陵家被誅 二、匈奴入寇雁門	
四	九七			一、司馬遷史記終於是年	一、遣李廣利、公孫敖等伐匈奴。 二、朝諸侯於甘泉宮。	
太始元	九六				一、司馬遷出獄爲中書令	
二	九五				一、大夫白公引涇水作渠，謂之白公渠。 二、帝幸回中	
三	九四				一、昭帝生 二、江充爲水衡都尉	

四	九三			一、司馬遷作報任少卿書	一、行幸泰山、北地。	
征和元	九二				一、巫蠱獄起	
二	九一	劉屈氂			一、戾太子死	
三	九〇				一、李廣利降匈奴 二、丞相劉屈氂罪誅	
四	八九	田千秋		一、帝悔悟，用方士之說，而致戾太子死，斥方士。	一、帝幸東萊臨大海	
後元元	八八				一、侍中莽何羅反，誅。殺鈎弋夫人。	
二	八七			一、魯恭王壞孔子宅，得古文尚書及禮記、論語、孝經凡數十篇。	一、武帝死，昭帝即位。 二、霍光爲大司馬	魯恭王壞孔子宅事，依鄭某中國文學家年表。
昭帝始元元	八六		司馬遷卒		一、霍光攝政，與金日磾、上官桀、桑弘羊共輔幼主。	司馬遷卒年依鄭某中國文學家年表
二	八五				一、霍光封博望侯	

三	八四					
四	八三				一、立皇后上官氏	
五	八二					
六	八一			一、二月，詔有司問郡國所舉賢良文學民所疾苦。議罷鹽鐵榷酤。	一、蘇武還，為典屬國。	
元鳳元	八〇				一、燕王旦謀反被誅	
二	七九		劉向生			據錢穆的劉向歆父子年譜
三	七八		眭弘卒	一、是年泰山有大石自立，上林有枯柳立生。眭孟推春秋之意，以為大石自立、僵柳復起，當有從匹夫為天子者。即說曰：「先師董仲舒有言，雖有繼禮守文之君，不害聖人之受命。漢家堯後，有傳國之運，漢帝宜誰差天下，求索賢人，禮以帝位，而退		

				至封百里，如殷周二王後，以承順天命。」廷尉奏孟設妖言以惑衆，大逆不道，伏誅。		
四	七七	王訢	京房生		一、丞相田千秋去逝。	據錢穆的劉向歆父子年譜
五	七六	楊敞			一、王訢卒	
六	七五					
元平元	七四			一、路溫舒受春秋大義，宣帝初即位，上書言宜尚德緩刑。	一、帝崩，霍光迎立昌邑王。尋廢之。立武帝曾孫病己。	
宣帝本始元	七三			一、詔天下舉文學高第各一人。	一、霍光仍輔政	
二	七二				一、少府夏侯勝、丞相長史因罪繫獄。	
三	七一	韋賢		一、宣帝聞衛太子好穀梁春秋，以問丞相韋賢、長信少府夏侯勝、侍中樂陵侯史高。言穀梁本魯學，公羊氏乃齊學，宜興穀梁。	一、田廣明、趙充國等五將軍，發兵十五萬出擊匈奴。	

四	七〇				一、立皇后霍氏	
地節元	六九				一、楚王延壽謀反自殺	
二	六八		龔勝生		一、霍光卒。宣帝親政。	
三	六七	魏相		一、張敞上封事。敞本治春秋，以經術自輔。 二、詔舉直言極諫賢良方正	一、光子禹爲大司馬	
四	六六				一、霍氏子孫謀反被誅 二、封劉德爲陽城侯	
元康元	六五		孔光生	一、修武帝故事，議論六藝群書，詔博舉明先王之術者。	一、以左馮翊、蕭望之爲大鴻臚。	
二	六四				一、帝更名詢。立皇后王氏。鄭吉屯渠犂。	
三	六三					
四	六二				一、遣太中大夫李彊等巡行天下，視民疾苦。	
			張敞爲京兆尹	一、王褒上聖主得賢臣頌 二、三月帝幸河東。制詔太	一、趙充國平先零羌	

神爵元	六一			常，令祠官以禮爲歲事，自是五嶽四瀆皆有常禮。		
二	六〇		一、蘇武卒 二、劉向爲諫大夫	一、時宣帝循武帝故事，招選名儒俊材，置左右，更生以通達能屬文辭，向與王褒、張子僑並進對。獻賦凡數十篇。		
三	五九	邴吉	魏相卒	一、魏相明易經，有師法，數表采易陰陽及明堂月令奏之。	一、蕭望之任御史大夫 二、丞相魏相卒。	
四	五八				一、潁川太守黃霸有治績，賜爵關內侯。	
五鳳元	五七		向父劉德卒		一、帝行甘泉，郊祀。	
二	五六				一、匈奴大亂，五單于爭立。	
三	五五	黃霸		一、初立穀梁春秋，劉向待詔受穀梁。	一、丞相邴吉卒	
四	五四				一、廣陵王胥有罪自殺。匈奴單于稱臣。	

甘露元	五三		揚雄生		一、匈奴呼韓邪單于、郅支單于均遣子入侍。	
二	五二				一、護軍都尉張祿擊珠崖	
三	五一		黃霸卒	一、諸儒講五經異同於石渠閣 二、立梁丘易、大小夏侯尙書、穀梁春秋博士。	一、劉向任散騎諫大夫給事中	
四	五〇					
黃龍元	四九				一、帝寢疾，以史高爲大司馬車騎將軍，蕭望之爲前將軍，光祿勳周堪爲光祿大夫，皆受遺詔輔政。領尙書事。	
元帝初元元	四八		一、王吉卒 二、張敞卒	一、吉通五經，能爲騶氏春秋，好梁丘賀說易。 二、蕭望之、周堪聯合推荐劉向，以向既是宗室又能忠直明經，於是受到擢拔。	一、貢禹爲諫大夫 二、翼奉以待詔上封事	
二	四七		蕭望之卒		一、劉向使其外親上變事，坐免爲庶人。	

三	四六			一、詔丞相御史舉天下明陰陽災異者各三人。 二、翼奉建言徙南北郊，定迭殷禮。	一、翼奉上疏請徙都成周	
四	四五			一、京房以孝廉爲郎	一、王莽生	
五	四四		貢禹卒	一、禹所奏皆上復古禮，下卹民生。 二、正月，以周子南君爲周承休侯，位次諸侯王，罷鹽鐵官，常平倉及博士弟子員數，民有通一經者皆復。	一、禹奏除贖罪法	
永光元	四三			一、劉向上書言事	一、大司馬車騎將軍史高免	
二	四二	韋玄成		一、匡衡上書	一、匡衡爲光祿大夫 二、西羌反，詔命馮奉世討之。	
三	四一				一、馮奉世平西羌。許嘉爲大司馬。	
四	四〇				一、罷祖宗廟在郡國者	

五	三九				一、毀太上皇、孝惠皇帝寢廟園。	
建昭元	三八				一、帝幸雍祀五時	
二	三七		京房被殺		一、太皇太后上官氏卒 二、匡衡爲御史大夫	
三	三六	匡衡	韋玄成卒		一、甘延壽、陳湯攻殺郅支單于於康居。	
四	三五					
五	三四					
竟寧元	三三				一、帝崩，成帝卽位。以元舅王鳳爲大司馬大將軍領尚書事。 二、嫁宮人王嬙於閼氏。	
成帝建始元	三二				一、劉向任光祿大夫	
二	三一				一、立皇后許氏	
三	三〇			一、舉直言極諫之士，谷永以待詔對策。		

四	二九		谷永爲光祿大夫		一、黃河水決東郡，浸四郡十三縣。王延世築河堤成。	
河平元	二八			一、詔減刑，刪定律令。		
二	二七				一、王氏諸舅譚、商、立、根、逢時，皆爲列侯。	
三	二六			一、使謁者陳農求遺書於天下，以劉向諸人校之。 二、劉向上洪範五行傳		
四	二五	張禹			一、匈奴單于來朝	
陽朔			桓譚生	一、揚雄作反離騷 二、東平王宇，上書求諸子及太史公書，以問大將軍王鳳，對曰：「……諸子書或反經術，非聖，或明鬼神，信物怪；太史公書有戰國從橫權譎之謀，漢興之初，謀臣奇策，天官災異，地形阸塞，皆不宜在		

元	二四			諸侯王。不可予。不許之辭宜曰：『五經聖人所制，萬事靡不畢載。王審樂道，傅相皆儒者，旦夕講誦，足以正身虞意。夫小辯破義，小道不通，致遠恐泥，皆不足以留意。諸益於經術者，不愛於王。』對奏，天子如鳳言，遂不予。	
二	二三			一、王氏擅權，災異浸甚。劉向上論王氏封事。	一、劉向任中壘校尉
三	二二				一、王鳳卒。王音爲大司馬。
四	二一				
鴻嘉元	二〇	薛宣			一、丞相張禹老，免官。
二	一九			一、三月，博士行大射禮。	
三	一八				
四	一七				一、廣漢盜鄭躬等侵歷四縣，廣漢太守趙護討平之。

永始元	一六			一、劉向上列女傳，並作新序、說苑。	一、封王莽爲新都侯 二、立皇后趙氏	
二	一五	翟方進			一、王商爲大司馬	
三	一四			一、世所傳尙書百兩篇，出東萊張霸。分析今文二十九篇爲數十。又采左氏傳書序爲作首尾。凡百二篇，篇或脫簡，文意淺陋。成帝時，求其古文者，霸以能爲百兩徵。以中書校之，非是。	一、長安多盜，用尹賞爲長安令治之。	錢氏將張霸上僞百兩尙書置此
四	一三				一、行幸河東祀后土	
元延元	一二			一、揚雄受引薦，待詔承明之廷。 二、谷永言災異之意	一、王商卒，王根爲大司馬。 二、朱雲上書切諫	
二	一一			一、成帝幸甘泉宮，還，雄奏甘泉賦以風。三月，帝至汾陰祭后土，還，雄上河東賦以勸。十二月，復從羽獵，又作校獵賦。	一、帝幸長楊宮，從胡客大校獵。	

三	一〇			一、揚雄作長楊賦 二、劉向上奏論災異事	一、任宏爲太僕	
四	九					
綏和元	八		一、劉向卒 二、谷永卒	一、劉向說上宜興辟雍，設庠序，陳禮樂，隆雅頌之音，盛揖讓之容。	一、建三公官。王莽爲大司馬。 二、改御史大夫爲大司空	劉向卒年據錢氏說
二	七		翟方進卒	一、揚雄之趙充國頌、酒箴作於此年以前。 二、翟方進受穀梁，然好左氏傳、天文星歷。 三、哀帝初即位，王莽舉歆爲侍中太中大夫。復領五經卒前父業，歆乃集六藝群書，別爲七略。	一、三月帝崩，太子欣立。罷王莽。 二、師丹代王莽爲大司馬，後徙大司空。	
哀帝建平元	六	孔元	一、伏恭生 二、包咸生	一、歆請建立左氏春秋及毛詩、逸禮、古文尚書於學官。移書讓太常博士。	一、大司空師丹免，以朱博爲大司空。	
二	五	朱博	張禹卒	一、帝對詔問災異	一、丁太后崩	
三	四	王嘉			一、東平王劉雲自殺	

四	三				一、關東大旱 二、封董賢爲高安侯	
元壽元	二	孔光			一、莽受徵召還京師 二、董賢任大司馬 三、丞相王嘉下獄死	
二	一			一、揚雄上書諫勿許匈奴朝。天子寤焉。	一、匈奴烏孫來朝 二、帝崩。太皇太后王氏以王莽爲大司馬領尚書事。 三、平帝衎立，太皇太后臨朝。	
平帝元始元	西元元			一、劉歆爲羲和官 二、封周公後公孫相如爲褒魯侯，孔子後孔均爲褒成侯，奉其祠，追謚孔子曰褒成宣尼公。	一、王莽自爲太傅，號安漢公。	
二	二				一、郡國大旱蝗，青州最甚。	
三	三		一、班彪生 二、鮑宣卒 三、師丹卒	一、聘王莽女爲后，詔光祿大夫劉歆等雜定婚禮。 二、王莽奏車服制度，吏民養生送終，嫁娶奴婢田宅器械之品，立官稷及學官。		

四	四			一、郊祀高祖以配天，宗祀孝文以配上帝。 二、莽奏立明堂辟廱，爲學者築舍萬區，益博士員、經各五人。	一、王莽自加號宰衡	
五	五		孔光卒	一、帝徵天下通小學者以百數，各令記字於庭中，揚雄取其有用者作訓纂篇。 二、劉歆作鍾歷書、三統歷。	一、王莽弒帝。太皇太后命王莽居攝踐祚。	
孺子嬰居攝元	六			一、莽祀上帝於南郊，迎春於東郊，行大射禮於明堂，養三老五更，成禮而去，置柱下五史。	一、王莽稱假皇帝	
二	七				一、王莽改鑄錢貨。翟義起兵討莽敗死。	
初始元	八				一、王莽自稱新皇帝 二、西漢亡	
新王莽始建國元	九			一、揚雄撰法言 二、秋遣五威將王奇等十二人，班符命四十二篇於天下。		

附錄一　參考資料

1. 漢書百官公卿表
2. 司馬光資治通鑑
3. 蘇輿董子年表
4. 錢穆向歆父子年譜
5. 陳致平秦漢史話
6. 吉川幸次郎漢武帝（李君奭譯）
7. 夏長樸兩漢儒學發展簡表

附錄二・參考書目

書名	作者	出版
十三經注疏		藝文印書館
十三經概論	蔣伯潛	中新書局
增註經學歷史	皮錫瑞	藝文印書館
經學通論	皮錫瑞	商務印書館
兩漢經學今古文平議	錢穆	自刊本
史記一百三十卷	司馬遷	藝文印書館
漢書補注一百卷	班固	藝文印書館
秦漢史	錢穆	三民書局
秦漢史	李源澄	商務印書館
呂氏春秋注二十六卷	高誘	世界書局
春秋繁露義證十七卷	蘇輿	河洛書局
白虎通義疏證十二卷	陳立	商務印書館
春秋董氏學八卷	康有爲	商務印書館

全漢文六十三卷　嚴可均　世界書局
歷史哲學　牟宗三　學生書局
中國哲學史　馮友蘭　宜文出版社
中古思想史長編　胡　適　胡適紀念館
中國哲學原論原性篇　唐君毅　香港新亞研究所
學術與政治之間　徐復觀　中央書局
兩漢思想史　徐復觀　學生書局
鄒衍遺說考　王夢鷗　商務印書館
先秦兩漢之陰陽五行學說　李漢三　維新書局
中國學術思想變遷之大勢　梁啓超　中華書局
王充思想評論　陳　拱　東海大學
中國學術思想大綱　林　尹　學生書局
中國中古哲學史要　韓逋仙　正中書局
中國歷代思想家－董仲舒　林麗雪　商務印書館
中國歷代思想家－陸賈、賈誼　王更生　商務印書館

兩漢哲學	周紹賢	文景書局
漢武帝	吉川幸次郎作 李君奭譯	專心企業有限公司
陰陽五行說之來歷	梁啓超	東方雜誌第二十卷第十號
五德終始說下的政治與歷史	顧頡剛	清華學報第六卷第一期
賈誼和鼂錯的政治思想	黃錦鋐	東海大學學報十八卷
董仲舒的政治思想	楊樹藩	國立政治大學學報二期
董仲舒的仁義學說	賴炎元	孔孟月刊五卷二期
陰陽五行學說究原	戴君仁	大陸雜誌三十七卷八期
董仲舒之學術思想	賴炎元	慶祝高郵高仲華先生六秩誕辰論文集
天人相與	戴君仁	孔孟學報十七期
董仲舒對策的分析	戴君仁	大陸雜誌四十二卷六期
董仲舒的治道和政策	賀凌虛	思與言十卷四期
春秋大一統述義	張永儁	哲學與文法第三卷第七期
董仲舒的人性論	林麗雪	孔孟月刊十四卷四期